NOUVEAU VOYAGE

DU

LEVANT.

NOUVEAU VOYAGE

FAIT

AU LEVANT,

ès années 1731. & 1732.

Contenant les defcriptions d'Alger, Tunis, Tripoly de Barbarie, Alexandrie en Egypte, Terre Sainte, Conftantinople, &c.

Par le fieur TOLLOT.

A PARIS,

Chez Durand, Libraire, ruë S. Jacques, à Saint Landry & au Griffon.

M. DCC. XLII.

Avec Approbation & Privilege du Roy.

AVIS

AU

LECTEUR.

LES Voyages, de nom-
bres d'Auteurs, ont
tellement attirés l'attention
de la Cour & de la Ville,
& on a même encore la mé-
moire si ressente de tant de
beaux Manuscrits du Le-
vant, que je n'ose me flater
que le Livre que j'ai l'honneur de présenter au Public,
qui traite de la même ma-
tiere, ait le même succès. Je

ne compte pas même me
mettre en paralelle avec des
hommes qui ont pénetré
beaucoup plus loin que moi
dans leurs voyages. Je me
borne seulement à renfer-
mer mes remarques dans un
petit Volume où les phrases
les plus longues ne font,
pour ainfi dire, que des
Nota les plus inftructifs
qu'il m'a été poffible, que
je n'aurois pas mis au jour
fi mes amis ne m'y avoient
engagé, je ne voulois même
donner d'autre Titre à mon
Livre que celui de Journal
du Levant; enfin les frais en
font faits, me voilà en but
à la critique; mais ce qui me
confole, c'eft la verité de

laquelle je ne me fuis point éloigné, & fur laquelle on ne pourra toucher.

La crainte que je fais paroître, n'annonce au Lecteur rien de prévenant en ma faveur ; mais que faire dans cette circonftance ? Se donner un Titre trop modefte ou un trop fuperbe , font deux chofes également nuifibles à l'Auteur ; s'il s'éleve, on mefure fon élevation à fon humilité ; & s'il s'humilie, on le croit fur fa parole. Il faut donc garder un milieu, chofe fort difficile à tenir, & je ne réponds pas d'y avoir réüffi. Je promets donc par mon Titre de vous donner une exacte defcription des lieux du Levant que j'ai parcouru, vous diriez peut-être, que vos Bibliotheques en font remplies. Mais qu'importe, tous les Voyageurs n'écrivent pas de même, chacun peut faire differentes observations, les uns font plus ou moins instruits, d'autres amplifient de beaucoup; & quelques-uns, faute de fanté ou de fe donner tous les foins néceffaires, copient fur les Auteurs qu'ils croyent les plus fideles; ainfi c'eft aux Lecteurs éclairés & à gens qui connoiffent le Pays, à en faire la difference. J'ofe même avancer qu'il y a eu des Auteurs, qui fans fortir

de leurs Cabinets, ont donné au Public des Voyages
qu'ils ont dit avoir faits au
Levant; mais je ne crains
point de me trouver dans le
cas d'aucun de ceux-ci. J'ai
journellement écrit sur les
lieux toutes les observa-
tions qu'il m'a été possible
de faire, non dans la vûë de
les donner au Public, mais
pourma propre satisfaction.
Je le repete encore, ce n'est
qu'à l'instigation de mes
amis si j'ai mis mon nom en
Titre d'un Ouvrage que je
n'ai revû ni corrigé depuis
mon retour en France. Je
m'attends bien que plusieurs
Censeurs maudiront le Titre
& l'Auteur, & qu'ils aime-

roient mieux un petit conte, un bon mot, ou quelques vers délicats, que des defcriptions, des traverfées, des tempêtes & autres chofes aufquelles les Voyageurs font fujets ; mais j'efpere qu'il fe trouvera quelques Lecteurs plus indulgens, qui rendront Juftice à mes bonnes intentions.

NOUVEAU

NOUVEAU

VOYAGE FAIT

AU LEVANT,

En May 1731 par le sieur Tollot.

YANT fait plusieurs Voyages par terre, tant en Espagne, qu'en Allemagne, Angleterre, Flandres & autres lieux, je souhaitois depuis long-tems de voyager sur mer, non seulement par un motif de curiosité qui fut toujours ma passion dominante; mais pour m'instruire des vies & mœurs des Etrangers, & voir

A

par moi même ce que tant de Voyageurs ont écrits. J'ai eu occasion de faire celui-ci avec M. le Chevalier de la Conda-mine de l'Académie Royale des Sciences, de qui j'ai tiré beaucoup d'éclaircissemens sur différentes matieres qui m'é-toient inconnuës , & je puis dire avoir eu lieu de satisfaire en partie ma curiosité, & les vûës que je m'étois proposées.

Départ de Paris. Nous partimes de Paris le 10 May 1731 par la Diligence de Lyon où nous arrivames le quatorze à trois heures après midi ; nous n'y restames que le temps nécessaire, pour y prendre des provisions & un Bateau de poste pour descendre le Rhône jusqu'en Avignon.

Départ de Lyon. Nous en partimes à cinq heures du soir. A sept heures nous passames le Pont de Vienne, que l'on dit avoir été bâti par les Ro-

mains, dont il ne reſte que quelques veſtiges ; le lendemain
quinze nous arrivames à Encon-
ne, où nous débarquames pour
aller coucher à Montelimard.

Le 16 nous partimes, & arrivames le dix-ſept devant Ville-
neuve-les-Avignons , où nous
fumes obligés d'attendre le reveil
des Commis pour foüiller nos
équipages. Leur Viſite faite ,
nous paſſames à Avignon , où
nous ne reſtames qu'en-viron
quatre heures ; pendant ce peu
de tems , je fus voir la Citadelle qui m'a paru peu forte , & incapable de faire une vigoureuſe
réſiſtance. De là je portai mes pas
vers quelques Egliſes qui me
parurent très bien ornées ; &
dignes du Souverain que l'on y
adore.

Le même jour nous partimes Départ
d'Avignon dans des chaiſes qui d'Avignon.
ſont traînées par des mulets , &

A ij

qui reſſemblent aux voitures dont
on ſe ſert pour aller, & venir de
Verſailles à Paris; ces ſortes d'é-
quipages font dix lieüës par jour.
Le dix-huit nous arrivames à
Marſeille à ſept heures du ſoir; &
le 19. je fus voir la Salle d'armes
qui paſſe pour la plus belle du
Royaume; en effet, elle répondit entierement à l'idée que j'en
avoit conçüe.

Le 20. je fus me promener au
Port qui eſt très beau, dont l'entrée eſt défendüe par la Citadelle
& le Château. Le long de ce Port,
ſont des boutiques où l'on vend
toutes ſortes de marchandiſes.
Cette promenade & le Cours qui
eſt au milieu de la Ville, très bien
planté d'arbres, & orné de Fontaines, rendent ce ſéjour fort
agréable. Nous y aurions reſtés
plus long-tems, ſi nous n'avions
appris que l'Eſcadre ſur laquelle
nous devions nous embarquer,
s'étoit miſe en rade.

Nous partîmes le vingt-un , & Départ de Marseilles. arrivâmes à Toulon à sept heures du soir. Le lendemain de notre arrivée, M. de la Condamine fut rendre sa visite à M. Mithon Intendant de ce département, qui lui offrit un appartement chés lui, & l'obligea de l'accepter ; nous y restâmes jusqu'au jour de notre embarquement.

Pendant huit jours que les Vaisseaux resterent en rade , Messieurs les Capitaines donnerent à manger sur leurs bords ; ces repas étoient servis aussi splendidement qu'on l'auroit pû faire sur terre ; toutes les Dames de la Ville y brilloient à l'envie l'une de l'autre, & je suis persuadé que chacune d'elles auroit souhaité que l'Escadre eût resté en rade toute la campagne , plûtôt que de voir partir nombre de jeunes Heros qui se trouvent pendant le cours d'une campa-

gne expofés aux injuftes capri-
ces de l'onde, dont leurs ap-
pas fembloient préfager la conquête.

L'Efcadre étoit de quatre
Vaiffeaux de lignes, fous les ordres de M. du Guay Trouin,
Lieutenant General qui montoit
le Vaiffeau l'Efperance de foixante & quatorze canons, portant Pavillon quarré au mâts
d'artimon. M. le Chevalier de
Camilly, (fur le bord duquel
nous étions) montoit le Leopard
de 64. canons. M. de Voifin
montoit le Touloufe de 56. &
M. de la Valette, l'Alçion de 50
canons, & une Tartane qui
fuivoit pour la pêche; nous partimes avec fix mois de vivres.

Le vingt-huit je fis embarquer
tout notre équipage; le 29. tout
le monde eut ordre de coucher
à bord, Meffieurs les Officiers,
ainfi que les Voyageurs, s'y ren-

dirent ; le 30. à quatre heures du matin , le Commandant fit fignal de défafourcher , le vent étant à l'eft bon frais. A huit heures le vent ayant encore fraîchi, on amena les vergues , & les mâts de hunes, pour éviter le danger au cas d'orage ; le vent continua toute la journée , & la nuit fut calme.

Le 31.le vent ayant moli, on guinda les mâts de hunes , & les vergues, & l'on fe toüa jufque par le travers dela grande tour , le vent étant Eft-fud-Eft.

Le premier Juin le vent étant de même que la veille , nous nous toüames jufques par le travers du Fort St. Loüis.

Le 2 le Commandant donna l'ordre pour apareiller , & le trois à quatre heures du matin, il fit tirer le coup de canon pour le fignal de partançe ; à fix heures nous étions fous voile , nous

Départ de Toulon.

coutûmes une bordée pour doubler le Cap Sicié ; à fept heures
nous étions par fon travers ; à
huit heures l'on mit en panne
pour attendre les chaloupes
qui étoient allées prendre les
ancres de Toüe. Ayant embarqué & chaloupes & canots, nous
relevâmes le Cap Sicié qui nous
reftoit à l'Oueft quart de nord-
Oueft. Le vent étant à l'Eft bon
frais, nous forçâmes de voiles &
fîmes route au Sud fud Oueft ; à
fept heures du foir la Frégate le
Zephire, commandée par M. le
Chevalier de Ceylus, qui partit
de la rade avec nous pour aller
croifer du côté de Beauquaire ,
pour la fureté de la Foire, nous
quitta, pour fe rendre à fa Croifie-
re , & falua le Commandant de
neuf coups de canon , qui lui
répondit de cinq autres coups ;
le vent ayant varié pendant la
nuit , nous coutûmes à plufieurs

routes ; le lendemain, la hauteur ayant été observée , nous nous trouvâmes par les 41. dégrés cinq minutes latitude Nord ; pendant le reste du jour le vent varia du Sud-sud est jusqu'au Nord Est, petit frais, belle mer.

Je ne m'arrêterai point à faire mon journal de pilotage, où le lecteur, s'il n'est marin, pourroit s'ennuyer , d'autant plus qu'il ne verroit chaque jour que la variation des vents , & les routes que l'on est obligé de faire quand ils sont contraires.

Le six à cinq heures du soir nous vîmes la terre de Minorque qui nous restoit au Sud $\frac{1}{4}$ Sud-ouest, distance environ quatre lieuës. Le sept à six heures du soir le cap le plus ouest de Majorque nous restoit au Sud Sud-est. Le huit & le neuf nous eûmes très peu de vent ; à dix heures du soir le Commandant fit signal de virer

de bord par un feu extraordinaire
à poupe, deux faneaux aux haubans d'artimon un fur la grande
hune, un fur le mâts de beaupré,
& cinq coups de canon; à minuit
le vent ayant fraichi, le Commandant fit fignal de ferrer les
deux huniers, par un feu aux
haubans du grand & du petit
hunier.

Chaffe à la terre. Le 10 à deux heures après midi
on fit fignal de donner chaffe à la
terre, par un pavillon bleüe au
bâton d'enfeigne, & un blanc
à la vergue d'artimon ; pour
lors nous forçâmes de voiles;
à quatre heures du foir nous
découvrimes le Cap Caffine,
qui nous reftoit au Sud-fud-Eft.
A fept heures le Commandant
fit fignal de quitter chaffe.

Le douze au lever du Soleil
nous fîmes force de voiles pour
aller mouiller à Alger. A dix
heures nous entrâmes dans la

rade où nous reſtâmes quelques
rems en panne pour mettre nos
bâtimens à la mer ; nous mouillâ-
mes par les vingt-huit braſſes
d'eau fond de vaze. La Ville ſalua de vingt-un coups de canons ; le Commandant lui rendit le ſalut coup pour coup.

Le douze à ſix heures du matin , nous nous embarquâmes
dans le canot pour aller à terre ;
nous paſſâmes à poupe du Commandant pour prendre ſes ordres ; la mer étant groſſe , il
nous dit de ne point l'aborder
& de continuer notre route. M.
de l'Aſne, Conſul, qui étoit embarqué ſur le Touloufe , débarqua auſſi pour aller prendre poſ-
feſſion de ſon Conſulat d'Alger ;
il fut ſalué du Commandant de
ſept coups de canons, & de trois
cris de *Vive le Roy*. A ſon dé-
barquement la Ville le ſalua de
trois coups de canons.

Nous fûmes d'abord à la maison Confulaire , & enfuite à l'audience du Dey, pour y accompagner M. de Beauquaire Capitaine de Pavillon, qui étoit chargé de lui répréfenter plufieurs griefs & pirateries commifes fur nos Côtes par les Corfaires de fa République. Il écouta avec attention ce qu'on lui répréfenta , & ne voulut rien octroyer ce jour là de ce qu'on lui demandoit. Il remit l'affaire au lendemain , & fit beaucoup de politeffes à tous les Officiers, leur fit donner du Caffé , de la Limonade , & des Confitures féches.

Du Dey.   Le Dey eft un homme d'environ foixante & dix ans, borgne de l'œil droit, & qui paffe pour avoir beaucoup d'efprit ; il y a fept ans qu'il regne , pendant lequel tems il a manqué trois fois d'être affaffiné ; il eft le feul Dey

qui ait resté si long-temps Chef
de cette République. Il envoya
des presens à bord du Commandant qui consistoient en 12
Bœufs, 50 Moutons, 350 Poules, & 4000 Citrons. M. du Guay
les fit distribuer sur le champ aux
Vaisseaux de l'Escadre.

Le treize, M. de Beauquaire
accompagné de M. le Consul,
de M. de Crainay, Capitaine
d'Artillerie, de la Mothe Commissaire de l'Escadre, & de plusieurs autres Officiers se rendit
chés le Dey, pour lui représen-
ter de nouveau ce dont il étoit
chargé de la part de l'Empereur
de France, & lui ayant fait plusieurs demandes à ce sujet, il
répondit que si les Corsaires de
sa République avoient commis
quelques insultes sur nos Côtes,
ce n'étoit pas par son ordre. On
lui parla de quinze Matelots qui
avoient été enlevés sur les Côtes

De ce qui
s'est passé
aux Audien-
ces du Dey.

de *Cette* en pêchant la Serdine. Il
dit qu'il les avoit remis au sieur
Natoire Chancelier aussi tôt qu'il
les lui avoit demandé , & qu'il
avoit cassé le Capitaine qui les
avoit pris. On lui parla aussi de
sept Genois qui avoient été pris &
arrêtés sur nos Côtes, il répliqua
que ces gens étant de la République de Genes , il ne croyoit pas
que la France dût prendre leur
parti. M. de Beauquaire lui dit
que nous ne soutenions point les
Genois, mais que c'étoit contre-
venir aux Traités que d'en avoir
arrêtés sur les Côtes de France ,
& qu'il falloit les rendre. On lui
réprésenta qu'il y avoit aussi
deux esclaves François sauvés du
Royaume de Maroc , qui s'é-
toient réfugiés à Oran , dont le
Bey est sous la domination du
Dey d'Alger , qu'il falloit aussi
les rendre ; il répondit qu'ils n'é-
toient pas en son pouvoir , & sans

insister d'avantage sur ces arti-
cles , il parla de l'affaire d'un
nommé Meschein , Marchand
François, à qui il avoit fait des
avances, & lui avoit fourni le
chargement d'un Vaisseau, pour
lui acheter des canons du produit de la vente.

Ledit Meschein qui aupara-
vant avoit fort mal fait ses affaires
en France, se trouvoit le débiteur
de plusieurs Marchands; étant en
mer avec le Vaisseau & les
Marchandises du Dey. Les vivres lui ayant manqué , il fut
contraint d'en venir prendre à
Toulon. Ses Créanciers sans
avoir égard à qui appartenoient
les marchandises, firent saisir le
tout qu'ils mirent en vente à leur
profit ; le Dey prétendoit , avant
de rendre les esclaves qu'on lui
demandoit , être remboursé de la
perte qu'il avoit faite avec Meschein.

L'audience dura près de trois heures fans rien décider, M. de Beauquaire fe rendit à la Marine pour retourner à bord, & donna ordre au Chancelier de faire venir les quinze Matelots François qui lui avoient été rendus pour les embarquer avec lui.

Etant arrivé à la Marine, le Capitaine du Port qui fe tient toujours au Mole, ne vouloit pas les laiffer embarquer fans un ordre du Dey par écrit, mais le Conful lui ayant affuré que le Dey les avoit rendus, il les laiffa partir. Le canot n'étoit pas à une portée de fufil, que le Dey envoya dire au Capitaine du Port de ne pas laiffer emmener ces quinze Matelots efclaves, & qu'il ne les avoit pas rendus. Dans l'inftant l'allarme s'étant répanduë dans le Port, & le Capitaine voyant le rifque qu'il couroit

couroit en laiffant aller ces pauvres miférables , fe jetta auffi-
tôt dans un canot à la fuite d'une
galliotte armée qui alloit déja
fur M. de Beauquaire, à qui M.
le Conful envoya le Drogman
de la Nation , pour le prier de
ne faire aucune réfiftance, & de
revenir à terre; M. de Beauquaire retourna, & étant débarqué
il demanda au Conful de quoi il
étoit queftion, M. de l'Afne lui
répondit que le Dey ne vouloit
pas que ces quinze Matelots
s'embarquâffent, & qu'il difoit
ne les avoir point rendus. M. de
Beauquaire envoya fur le champ
le Conful , pour fçavoir du Dey
pourquoi il ne vouloit pas qu'on
emmena des efclaves qu'il avoit
rendu la veille, & même dès
que le Chancelier les reclama,
j'eus l'honneur de l'accompagner. Etant arrivés chez le Dey ,
nous fumes conduits dans un

petit donjon qui eſt preſque au
faîte de ſa maiſon qui lui ſert de
chambre à coucher. On nous
fit ôter nos ſouliers pour entrer
dans une petite ſalle qui ſert
d'antichambre à ce donjon dont
je viens de parler, qui peut
avoir douze pieds de long ſur
huit de large, où il étoit prêt à ſe
coucher. M. de l'Aſne lui fit les
remontrances dont il étoit chargé de la part de M. de Beauquaire, à quoi il répondit tout ſim-
plement qu'il ne les avoit pas encore rendus, & qu'il les rendroit
le lendemain avec d'autres. Le
Conſul ayant inſiſté ſur cet article, le Dey lui fit dire de ſe retirer, & qu'il n'avoit pas le tems
de l'écouter davantage. Nous
fûmes obligés de ſortir ſans d'autres réponſes. M. de l'Aſne en
vint rendre compte à M. de
Beauquaire qui fit débarquer les
Matelots qu'on conduiſit à la
Maiſon Conſulaire.

Le lendemain le Dey envoya avertir ces Messieurs de se trouver chez lui à 5 heures du matin, où étant arrivés, il envoya chercher les quinze Matelots esclaves, & les remit à M. de Beauquaire qui les fit embarquer sur le champ, & conduire à bord, ce qui fait voir le génie inconstant de cette Nation.

On reprit ensuite l'affaire des sept Genois & des deux esclaves François réfugiés à Oran ; le Dey répondit que c'étoit une vieille affaire dont il ne falloit plus parler ; que le Consul sous lequel cela s'étoit passé étoit mort, ainsi que le Capitaine qui les avoit pris. M. de Beauquaire dit que cela étoit vrai, mais que les esclaves étoient vivans , & qu'il falloit les rendre. Sans répondre sur ce que M. de Beauquaire lui repartit , il reprit l'affaire de Meschein avec beaucoup

de chaleur , & s'emporta au
point de faire appeller Meſchein
à qui il dit : Ne t'ai-je pas donné
350 Balles de Laine pour charger un Bâtiment , Meſchein répondit , Ouy , Seigneur : M'as-
tu payé , reprit le Dey , Non ,
Seigneur , dit Meſchein. Il ſe
tourna enſuite du côté du ſieur
Natoire Chancelier , & lui dit :
Le défunt Conſul ne m'a-t-il pas
répondu des avances que j'ai faites à cet homme ; le Chancelier
lui dit qu'il n'en avoit nulle connoiſſance ; à cette réponſe , il ſe
mit dans une ſi grande fureur ,
qu'il appella lui-même deux
Chiaoux auſquels il ordonna de
prendre Meſchein & le Chancelier , & de les mettre aux fers ,
ils furent ſaiſis , & conduits ſur
le champ en priſon.

M. de Beauquaire s'éleva avec
toute la dignité convenable ſur
cette affaire , & dit au Dey , qu'il

venoit de commettre une action
qui rompoit dès-lors toute la
bonne intelligence que l'Empereur de France vouloit bien
garder avec sa République. Il
écouta avec attention ce que
M. de Beauquaire lui répréfenta,
& ayant reconnu fa faute, il prit
la voye de la douceur, fit
beaucoup d'excufes, difant quil
n'avoit pût être le maître de fon
premier mouvement, & qu'il
étoit fâché de ce qu'il avoit fait;
ce qu'il répéta plufieurs fois.
Il fit en même tems revenir le
Chancelier & Mefchein aufquels
il dit encore mille injures. Après
que tout ce tumulte fut appaifé
M. de Beauquaire infifta de nouveau fur l'affaire des fept Genois
& des deux efclaves François
fauvés de Maroc; le Dey répondit qu'il n'en étoit pas le maître,
& que même il ne connoiffoit pas
les Patrons qui les avoient; M.

de Beauquaire lui dit que s'il n'avoit point d'autre satisfaction de lui qu'il alloit se retirer, & en rendre compte à M. du Guay-Trouïn qui en porteroit ses plaintes à l'Empereur de France.

L'audience se passa sans que l'on puisse rien obtenir. M. de Beauquaire retourna à bord & rendit compte à M. du Guay, des intentions du Dey, sur quoi M. du Guay-Trouïn écrivit la Lettre suivante.

Lettre de M. du Guay Trouïn au Dey d'Alger.

Très Illustre & Magnifique Seigneur l'Empereur mon Maître m'ayant ordonné de me rendre à Alger, pour y maintenir la bonne intelligence, que Sa Majesté veut bien garder avec votre République, & pour proteger le commerce de ses sujets, elle m'a recommandé de vous envoyer à mon arrivée M. de Beauquaire, Capitaine de Pavillon, Inspecteur général de ses

troupes de la Marine, lequel a
été chargé de faire reconnoître
par vous & par les autres Puiſſan-
ces de votre République , le
ſieur de l'Aſne pour Conſul de
la Nation Françoiſe, il doit en-
même-tems vous porter ſes
plaintes ſur diverſes infractions
aux Traités , commiſes par les
Corſaires de votre République,
ſur leſquelles Sa Majeſté Imperiale ne doute pas que vous ne
faſſiez faire des réparations convenables. 1°. Elle m'a recommandé de ne pas partir de la rade
d'Alger que cela ne ſoit executé,
ſur quoi Très Magnifique Seigneur , je vous ſouhaite une
parfaite ſanté, vous priant de me
croire votre parfait & ſincere
ami.

Le lendemain malgré toutes
ces remontrances, le Dey inſiſta
de nouveau ſur l'affaire de Meſchein , diſant que nous avions

son bien & que nous ne voulions
point lui rendre. M. de Beauquaire luidit qu'il luiabandonnoit
Meschein dont la mauvaise foi
lui étoit si manifestement con-
nüë , & le Consul lui dit qu'il
l'alloit faire rayer du nombre des
Nationnaux , & lui défendre
l'entrée de la Maison Consulaire,
mais il répondit qu'il n'avoit pas
besoin de ce malheureux , que
nous n'avions qu'à l'embarquer
& le faire pendre en France ,
pourvû qu'on lui payât ce qui
lui étoit dû ; il ajouta qu'il alloit
faire saisir les effets du sieur Durand défunt Consul , à la recom-
mandation duquel il avoit fait
des avances à Meschein , particu-
lierement celle de 350 Balles de
Laine pour lui fournir des
Canons. Il finit en disant qu'il
attendroit encore quelque tems
la remise des effets ou leur valeur ,
& qu'après ce tems , il se payeroit

du

du premier Bâtiment Marchand François qui viendroit à Alger.

M. de Beauquaire lui dit qu'il n'en viendroit pas à cette extrémité, & qu'il devoit bien sçavoir que l'amitié ou la haine d'un Empereur de France n'étoit pas une chose qui lui dût être indifferente, qu'il ne pourroit que lui répeter ce qu'il lui avoit déja dit, & qu'il alloit se retirer.

L'audience finie ; M. de Beauquaire se rendit à bord, & informa M. du Guay de ce qui s'étoit passé, sur quoi il écrivit une seconde Lettre au Dey.

» Très illustre & Magnifique » Seigneur je peus assurer votre » Excellence, que si l'Empereur » mon Maître a choisi un Lieute- » nant Général de ses Armées » Navalles, dont la réputation est »connuë, pour venir vous deman- »der votre amitié, en même-tems » l'éxécution passée entre Sa Ma-

Seconde Lettre de M. du Guay Troüin au Dey d'Alger.

» jesté Imperiale, & la République
» dont vous êtes le Chef ; c'est
» uniquement pour vous faire plus
» d'honneur & de plaisir , comp-
» tant par là vous engager d'avan-
» tage à remplir toutes les condi-
» tions auſquelles vous vous êtes
» engagé ; ainſi Très-Illuſtre &
» Magnifique Seigneur , ne faites
» nulle attention aux ſoupçons mal
» fondés , que vos ennemis & nos
» envieux veulent vous inſpirer ,
» en donnant une mauvaiſe inter-
» prétation à vos meilleures inten-
» tions. Votre prudence doit vous
» engager auſſi à donner à Sa Ma-
» jesté Imperiale une juſte & entie-
» re ſatisfaction ſur tous les griefs
» qu'elle m'a ordonné de vous
» repréſenter par la bouche de
» Monſieur de Beauquaire Inſpec-
» teur Général de ſes troupes , dont
» le Conſul de France doit encore
» vous faire enviſager les conſé-
» quences ; il eſt certain que ſi vous

vous déterminez à satisfaire en »
cela l'Empereur mon Maître, Sa »
Majesté Imperiale se portera à »
vous dédommager de la perte »
que vous avez faite en vous »
confiant à ce fripon de Mes-»
chein, du moins puis-je vous as-»
surer que j'y apporterai tous mes »
soins, & qu'il ne tiendra pas à »
ma sollicitation,que vôtre Excel-»
lence ne soit satisfaite ; mais si »
au contraire vous differez da-»
vantage à remplir régulierement »
toutes les conditions, je vous »
déclare que je mets dans deux »
jours à la voile pour aller rendre »
compte à l'Empereur mon Maî-»
tre que vos intentions ne font pas »
bonnes. Je finis en vous souhai-»
tant santé & prospérité, & vous »
priant de me croire votre parfait »
& sincere ami. DuGuay-Troüin, »
ce Samedy 16 Juin 1731.   »

Les raisons qui portoient M.
du Guay à donner au Dey d'Al-

ger une efperance fenfible de
dédommagement , font celles-
ci. Que s'il s'étoit relâché fur
l'article des fept Genois enlevés
fur les côtes de France , & fur
les deux Efclaves François réfugiés & retenus à Oran , il eft
certain que ce relâchement donneroit lieu à ces Pirates de faire
tous les jours de pareilles infultes
fur nos Côtes, par l'efpoir qu'ils
auroient qu'on ne s'opiniâtreroit
point à en exiger la réparation.
Il femble même que la gloire du
Roy & le repos de fes Sujets
demandent que l'on facrifie plûtôt une modique fomme , que
d'expofer nos Côtes à de nouvelles infultes ; d'ailleurs cette efpé-
rance n'a été donnée qu'à condition que le Dey accorderoit fur
les autres griefs toute la fatisfac-
tionque l'on défiroit.Quoiqu'il en
foit cette Lettre ayant été remife
au Conful, pour la re mettre en

main propre au Dey , il s'acquita
de fa Commiffion &   écrivit le
lendemain à M. Du Guay-Troüin
la réponfe fuivante.

MONSIEUR,

« Je n'ay pas manqué de rendre ce
« matin en main propre la Lettre
« dont vous me fîtes l'honneur de
« me charger pour le Dey , & de
« remarquer qu'elle à été interpré-
« tée très-fidellement par le Tru-
« chement de la Nation en préfence
« du vôtre. J'ay auffi fuivi, Monfieur,
« très exactement ce que vous m'a-
« vez infpiré , pour obtenir plus
« facilement ce que vous deman-
« dez, lui repréfentant comme ami,
« & non pas comme Conful, qu'il
« n'y avoit de plus fûrs moyens
« pour faire reüffir l'indemnité qu'il
« prétend fur Mefchein , que de
« reftituer les fept Genois & les
« deux François qui ont fuits de

Lettre du Conful de France à M. du Guay-Troüin.

C iij

» Maroc , parce que cela vous
» engageroit, Monſieur , à écrire
» plus fortement à M. de Maure-
» pas. Il a battu long-tems la Cam-
» pagne , en m'alleguant à peu-près
» les mêmes raiſons pour s'en
» diſpenſer qu'il a produites à M.
» de Beauquaire , tantôt qu'ils n'é-
» toient pas en ſa diſpoſition , tan-
» tôt que c'étoit une vieille affaire
« qu'il n'étoit pas poſſible de répa-
» rer. J'ay inſiſté de nouveau ſur
» ce qui eſt du deſpotique : qu'il
» n'avoit qu'à vouloir, & qu'enſin
» c'étoit le meilleur moyen de
» tirer parti de ſes Laines. Votre
» Truchement pourra vous rendre
» compte de toutes les raiſons que
» j'ay employées pour le perſuader ,
» vous priant de vouloir bien vous
» le faire détailler , parce que je
» n'ai pas le tems. Je lui ai dit
» entre-autres qu'il s'attireroit la
» diſgrace de l'Empereur mon
» Maître, s'il perſiſtoit dans ſon

refus : Que je voulois bien être »
l'Ange de paix , qui cimentat »
l'ancienne correspondance ; & »
qu'enfin je ne me retirerois d'au- »
près de lui qu'il ne m'eût donné »
une favorable réponse. Il me l'a »
donné en effet , me promettant »
qu'il assembleroit son Divan ou »
Conseil & qu'il feroit en sorte que »
vous vous retiriez content. Je suis »
sorti avec cette flateuse esperan- »
ce, j'ay envoyé le Chancelier & »
l'Interprete peu de tems après, »
pendant que les fers sont chauds , »
pour lui indiquer les Patrons qui »
les ont en main. Ils viennent de »
me rapporter dans ce moment »
qu'il agit , & qu'il y a l'esperan- »
ce qu'ils seront délivrés. Jay «
l'honneur, Monsieur, de vous en »
donner avis expressément , sans »
oser vous l'assurer positivement , »
à cause de l'inconstance du per- »
sonnage. Il a employé pendant »
ma visite plusieurs démonstra- »

« tions cordiales, dont il convient
« que vous foyez informé par
« d'autres que par moi, tellement
« qu'il femble que ce ne foit pas le
« même homme ; & je puis dire
« que j'ay trouvé le bon quart d'heu-
« re. Je lui ai au refte infpiré de vous
« faire réponfe, ou de vous envoyer
« quelques Officiers Turcs de fa
« part. Il ne l'a pas trouvé à propos,
« il s'en rapporte à ce que je vous
« marquerai. J'ay l'honneur d'être,
« Monfieur, avec un profond ref-
« pect, Votre très humble & très-
« obeïffant Serviteur. De Lafne.
« A Alger ce 17 Juin 1731.

Le lendemain 18, on eut
fatisfaction de tous les griefs dont
il avoit été queftion aux Audien-
ces du Dey.

Pendant notre fejour à Alger,
je vifitai toute la Ville & les dehors qui font très peu de chofes.
Je fus me promener à une Maifon
de Campagne qui appartenoit au

défunt Conful M. Durand, diftante d'Alger d'environ deux
lieuës ; la campagne m'a paru
très-fertile & bien cultivée. Nous
y dinâmes, & à cinq heures nous
revînmes à Alger. En entrant
dans la Ville, il y avoit proche
la Porte fur une petite Place
environ cinquante Turcs ou
Maures, qui fous pretexte de nous
demander des fleurs que nous
avions cueillis dans le Jardin du
Conful, nous environnoient de
toutes parts. M'étant apperçu
que c'étoit plutôt à nos Mou-
choirs ou Tabatieres qu'ils en
vouloient, j'en avertis mes amis,
ce qui n'empecha pas qu'ils ne
volaffent le Mouchoir d'un de la
Compagnie ; l'on peut dire qu'ils
filoutent avec beaucoup d'adref-
fe. Il eft certain que pendant
notre féjour dans cette Ville, il a
été volé plus de cinquante Mou-
choirs ou Tabatieres.

Je ne reſtai pas aſſez long-tems à Alger pour faire moi-même un état auſſi exacte que celui que j'ai ici ; ce ſont des anciens Nation- naux qui ont une parfaite con- noiſſance de tout ce qui ſe paſſe dans cette République de qui je le tiens, & qui depuis pluſieurs années s'en ſont fait une étude, & ſe ſont donnés des ſoins infinis pour venir à bout de cet ouvrage.

Etat de la République d'Alger.

Le Royaume d'Alger eſt ſitué entre les trente-quatre, & trente-ſept degrés de lattitude Nord , & entre les dix-huit & vingt degrés de longitude. Son étendüe eſt d'environ 160. lieuës d'Eſt à Oueſt , & de 90. du Nord au Sud ; mais comme il eſt borné du côté du Sud par des Côtes inhabitées, on ne peut déterminer ſon étenduë de ce côté-là.

Le Pays eſt fertil par lui-
même, & pourroit être abondant
en grains, fruits, beſtiaux, gibier
& autres ; mais les Terres ſont
incultes la plûpart , & cela par
la tyrannie que les Turcs exercent
ſur les gens du Pays, que l'on
appelle Maures ou Moures ; ce
ſont des eſpeces de Sauvages
dont les uns ſont noires comme
des Negres , & d'autres un peu
plus blanc, & preſque de la couleur des Mulâtres ; ils ſont en
grand nombre dans ce Pays, ils
poſſedent la plus grande partie
des Terres cultivées, les Turcs y
étant en quelque façon Etrangers,
& en fort petit nombre par rapport à celui des Maures. On compte dix-huit mille Turcs au plus
dans toute l'étenduë de cet Etat,
& preſques mille Maures pour un
Turc ; cependant la domination
que les Turcs y exerçent eſt ſi
abſoluë, que les Maures n'oſe-

roient remuer pour fecoüer le
joug pefant qu'on leur impofe.
Ils font accoutumés dès leur
enfance à regarder les Turcs
comme des hommes d'une autre
efpece que la leur, & c'eft ce qui
contribuë à rendre ces Turcs plus
infolents & plus libertins que
ceux du Levant ; parce que
ceux-ci étant accoutumés à ne
point travailler, & à prendre à
difcretion ce dont ils ont befoin
chez les Maures, ne connoiffent
d'autre revenus, ni d'autre façon
de s'enrichir, que le pillage , &
font à peu-près fur terre le même
métier qu'ils font fur mer,

De la dépen-
dance de la
République. Cette République dépendoit
autrefois en Souveraineté du
Grand-Seigneur qui y envoyoit
un Bacha pour la gouverner ;
mais l'éloignement étant caufe
que ce Bacha s'y établiffoit une
puiffance abfoluë , & y com-
mettoit beaucoup de violences,

les Turcs du pays sont convenus peu à peu qu'ils seroient gouvernés par un homme d'entr'eux qu'ils éliroient sous le nom de Dey, & que le Bacha ou Envoyé du Grand-Seigneur qui y réside toujours pour la forme, n'y auroit plus qu'un vain rang de Primauté, sans aucune authorité ; c'est ce qui se pratique aujourd'hui.

La forme du Gouvernement est presque absoluë, quoiqu'elle ait le nom de République.

Le Dey s'élit à la pluralité des voix, ou pour mieux dire, par tourbe ou par acclamation publique ; il est perpetuel, dispose à sa fantaisie des charges & des revenus de l'Etat, décide de la Guerre & de la Paix, des mouvemens des Armées, & même des affaires Civiles & Criminelles. Quand il fait assembler le Divan qui est une espece de Conseil des Principaux de la Nation, c'est pour

la forme , ou pour fe difculper
des évenemens ; perfonne n'ofe-
roit dire fon avis , non-feulement
pour contredire , mais pour ap-
puyer celui du Dey ; il parle le
premier, propofe les affaires avec
fa conclufion , & les autres fe
contentent de lui répondre. *Vous
êtes notre Pere , & notre Maître ,
c'eſt à vous à juger de ce qui convient. Si vous faites bien vous ferez
récompenfé ,ſi vous faites mal , le
mal tombera ſur vous.*

Cependant malgré ce plein
pouvoir, le Dey eſt à tous mo-
mens expofé à périr ; au moindre
mécontentement de la Nation ,
foit pour le défaut de payement
des Troupes , ou pour quelques
autres fujets très-legers. La Taïfe
fe mutine & révolte , coure au
Château du Dey pour l'affaffiner.
On ne cite qu'un feul exemple
d'un Dey qui foit mort dans fon
lit, tous les autres ont été maffa-

crés, pour l'ordinaire au bout de
quatre ou cinq ans, & quelques-
fois au bout de quatre ou cinq
jours. Il y a sept ans que celui-ci
regne, ce que l'on regarde comme une chose rare ayant déja
évité trois fois le sort de ses Pré-
decesseurs, dont le dernier fut
tué, en revenant de la Marine, de
plusieurs coups de fusils au commencement d'Avril 1724. & il
est à craindre que dans peu, malgré toutes ces précautions, il ne
subisse le même sort que les autres.

La mort d'un Dey, n'est jamais vengée par son Successeur,
ce qui rend la Licence effrenée
sur ce sujet.

Le Dey a sous lui trois Beys *Des Beys.*
qui sont des especes de Gouverneurs de Provinces & Géneraux
d'Armées. Ils ont chacun un
Camp sous eux, composé de
quatre mille Soldats; l'un se tient

au Levant, l'autre au Ponent &
l'autre au Midi du Royaume. Ils
font nommés par le Dey, agiffent
fous fes Ordres , & font abfolus
comme lui dans tous leurs Dépar-
temens ; leur emploi ordinaire
eft de parcourir la Campagne une
fois l'année , & de ramaffer à
difcrétion l'argent des Maures
qui y habitent. Cette récolte fait
un des principaux revenus de
l'Etat. Celui des Beys qui raporte
le plus d'argent à Alger à la fin
de la courfe , eft le mieux reçû &
le plus eftimé.

De la Mi-
lice.

Les principales forces de
l'Etat confiftent en 13 ou 14
mille hommes de Troupes reglées ; la plus grande partie fe
tient à Alger, pour porter de là
du fecours dans tous les lieux
où il eft néceffaire. Ces Troupes
logent en differens endroits de la
Ville que l'on appelle Cazernes
ou Cacheries , qui font des

logemens beaucoup plus propres & mieux entretenus que nos Corps de Gardes. Ils font féparés par Chambrées de fept à huit Soldats & ont un Valet par Chambrée pour les fervir ; leurs chambres font propres & tapiffées de nattes ; leurs armes y font bien rangées , en bon état & garnies pour la plûpart d'agrémens d'argent , de corail & d'yvoir, le moindre Soldat en étant curieux & fe piquant en cela de magnificence. Leurs lits font fur des efpéces d'Entrefolles ou Tribunes à Balcons, ou l'on monte de la Chambre même par un petit Efcalier. Ils ne font jamais d'exercice réglé chez eux, & s'exercent feulement à tirer quand bon leur femble. Ils fe fourniffent d'habillemens & d'armes , qui confiftent en un Fufil, deux Piftolets, deux Couteaux ou Bayonnettes , un Sabre, une Hache, un

D

Gargouſſier, un grand & petit
Poulvrain, une Culotte de toile
& deux petits Caſaquins ou Veſtes fort courtes de la couleur qu'ils
veulent, le tout propre & en bon
état. Ils vont nuës têtes, & nuës
jambes, excepté quelques-uns qui
portent des Calottes.

Paye de la Milice.   Leur paye ſe fait toutes les
deux Lunes, la moindre eſt de qua-
rante-cinq ſols, & la plus forte eſt
de vingt-cinq livres; le Dey lui-
même n'en a pas d'avantage, &
eſt couché ſur l'Etat comme un
ſimple Soldat. Et outre cela à
chaque occaſion de Bataille ou
autre, comme Mariage de Bey,
Naiſſançe d'Enfant, Envoyé du
Grand-Seigneur, & autres qui
arrivent ſouvent cinq ou ſix fois
l'année, elle s'augmente encore
d'autant, de maniere qu'ils mettent fort peu de temps à venir de
la baſſe Paye à la plus forte.

Ils ont quatre Pains par jour du

poid d'environ une livre chacun ;
ceux qui font mariés n'ont ni logement ni nourriture ; la raifon
eft que la République ne recuëil-
lant pas leurs fucceffions comme
elle fait celles des garçons, fe
croit obligée de leur moins donner. Tout Turc peut fe faire
infcrire, fi bon lui femble, pour
Soldat ; & le Dey ne peut le
refufer ; auffi n'y en a-t'il guéres
qui y manquent.

Quand ils font en Campagne, Des Camps
ce font les Maures ou les Efclaves & Armées
qui portent leur Bagages & qui
ont foin de leur préparer à manger. Leurs Compagnies font de
quarante hommes ; ils ont pour
Officiers dans chaque Compagnie, un Capitaine, un Lieutenant, un grand Cuifinier ou
Intendant, & un Sergent.

La Cavalerie eft armée de
Lances, la République les entre-
tient de Chevaux, c'eft-à-dire,

on en donne un d'abord à chaque
Cavalier & il eſt obligé de s'en
entretenir toujours dans la ſuite,
ce qui ne lui coûte gueres, parce
qu'il en prend chez les Maures
tant qu'il en veut.

Outre leurs Troupes reglées qui
ne ſont compoſées que de Turcs,
ils aſſemblent tant de Maures
qu'ils veulent pour joindre à
leur Armée, & en mettent quel-
quefois vingt à trente mille ſur
pied. Ils en font un Corps ſéparé
qu'ils ne mêlent point avec le leur,
& qui n'a d'autre paye que la
nourriture.

Les Camps ſont compoſés
d'un nombre de Tentes qui
contiennent environ vingt hommes chacune. Il y a dans chaque
Camp ou Armée un Aga qui
eſt une eſpece de Juge choiſi par
le Dey, pour juger & punir les
fautes des Soldats, & pour donner conſeil aux Officiers. Les

Capitaines ne fçauroient rien entreprendre pour ce qui regarde la Police fans fon avis , pas même châtier leurs Soldats. Le Bey commande tous les Camps en Souverain , à la réferve de la Juftice Civile & Criminelle qui eft refervée à l'Aga, qui fait de plus la fonction d'Intendant d'Armée pour les vivres , fourages , munitions , &c.

Ils n'ont guéres d'ordre de marche ni même de Bataille reglée ; chaqueBey range fesTroupes àfa fantaifie.Ordinairementdansleur marches , ils mettent les Bagages dans le centre , un gros Bataillon d'Infanterie à la tête , deux Efcadrons de Cavalerie fur les aîles , avec le refte de l'Infanterie derriere ces Efcadrons fur deux colonnes & deux autres Efcadrons de Cavalerie à la queuë , avec un petit Bataillon d'Infanterie. Dans le combat ils mettent l'Infanterie dans le centre & la Cavalerie fur les aîles.

Leur Marine eft affez confiderable par raport aux autres forces de l'Etat & au peu de facilité qu'ils ont de l'entretenir ; ils n'ont prefque point de bois chez eux pour la conftruction de leur Vaiffeaux , point de Mâtures , point de Chanvre , point de Cordages , point de Fer , point de Toiles , point de Gaudron , ni prefque aucunes des autres chofes néceffaires pour fe mettre en mer ; cependant ils ont actuellement dix-neuf à vingtvaiffeaux dans le Port, depuis foixante jufqu'a vingt Canons , dont il y en a toujours plus d'un tiers à la mer , fans compter les Felouques & Galliotes.

De tous ces Vaiffeaux il n'y en a qu'un feul qui appartient à l'Etat, les autres font à des Particuliers qui les arment quand bon leur femble , & qui vont avec où

il leur plaît, après avoir demandé
toutes fois la permiſſion au Dey
qui ne la leur refuſe jamais.

Il n'y a point de Magazin
géneral pour équipper les Vaiſſeaux, chacun a le ſien particulier;
leurs plus ſûrs Magazins ſont les
priſes qu'ils font à la Mer, dans
leſquelles ils trouvent ce qui
leur manque pour ſe racommo-
der, & pour mettre leurs Vaiſſeaux en état. Ils ont beaucoup
d'adreſſe pour rompre & dépecer
les Bâtimens qu'ils prennent,
ils en conſervent le Bois, Fer,
Agrets, & en refont d'autres Bâtimens à leur uſage.

Lorſqu'un Capitaine veut ar-
mer, ſes Armateurs & ſes amis
lui envoyent le plus d'Eſclaves
qu'ils peuvent pour épalmer &
agréer ſon Vaiſſeaux, ce qui ne
dure pas long-tems ; leurs munitions de guerre & de bouche ne
ſont pas abondantes ; ils n'ont

souvent qu'un Cable , & nuls rechanges. Quelques jours avant de partir le Capitaine met sa flame & tire un coup de Canon. Alors ceux qui veulent s'embarquer, soit Turcs ou Maures, chacun se rend à bord. Ils sont tous également reçûs, & le rôle ne s'en fait qu'à la Mer, ce qui fait que leur Equipages sont tantôt forts tantôt foibles. Chaque Turc porte un Fusil , un Sabre , & sa provision de Balles & de Poudre ; ils vont au partage, & les Esclaves que l'on envoye gagnent même leur part pour leurs Maîtres. Les principaux Officiers qui sont dans chaque Vaisseau , sont l'Aga de la Milice ou Capitaine des Soldats. Le Rays ou Capitaine du Vaisseau, le sous Rays ou Lieutenant, le Codgea ou l'Ecrivain , les Maitres Canoniers & le Viteclair, autrement dit le grand Cuisinier ou Intendant, & quel-

ques

ques autres Officiers ſubalternes. Il y a de plus, un Aga Bachy ou eſpece de Juge qui eſt mis par le Dey pour rendre la juſtice , & ſans l'avis duquel le Capitaine ne peut rien faire.

Leurs Croiſieres ſont d'ordinaire de quarante ou ſoixante jours. Ils ne moüillent preſque jamais , ils vont croiſer ſur les Côtes de Sardaigne, de Sicile, de Naples, de Toſcane , de Genes , & d'Eſpagne, tant ſur la mer Mediteranée que l'Oceane , & de plus ſur les Côtes de Portugal , les Canaries, les Maderes, les Acores, juſqu'en Terre-neuve , & au Texel ; ils ne mettent preſque jamais Pavillon, ou le mettent maſqué.

Lorſqu'un Corſaire a fait une prife il la remorgue ſi elle en vaut la peine , ſinon il la pille & la coule à fond. En arrivant de ſa Croiſiere il va faire ſon rapport au Dey, & fait juger la priſe. Le

Des Priſes.

E

Dey prend par préference le huitiéme de tous les Efclaves & de tout le produit de la prife. Les Armateurs font vendre le refte qui fe partage moitié entre l'Equipage ou Taife , & l'autre moitié entre les Armateurs fuivant leurs conventions. Le Capitaine du Port s'empare par un droit particulier de tous les Agrets & Voiles de Poupe , la Taife de tous ceux de Proüe , ce qui n'eft pas fort confidérable. Le Capitaine ayant ordinairement pris foin de dégarnir la prife à la mer, le profit le plus certain qui y refte , font les Efclaves qui fe vendent plus ou moins felon leurs talens & leurs qualités. On ne les délivre point à la premiere Vente, on les recrie une feconde fois fur celui qui les a acheptés d'abord ; le profit de cette feconde Vente appartient à la République.

Lors qu'un Bâtiment est pris à la mer, le Dey oblige les Armateurs d'en refaire un autre à leurs dépens, prétendant que la République ne doit rien perdre.

Leur Religion est la Mahome- De la Reli-
tane, les Maures la professent gion.
ainsi que les Turcs, mais avec quelques differences, & ils estiment la leur beaucoup meilleure; au reste, l'exercice de toutes les Religions y est libre, même pour les Esclaves, & les Turcs ont soin qu'ils remplissent chacun exactement les devoirs de la leur.

Les Principaux de l'Etat sont, Des Princi-
le Dey, le Bacha dont j'ai parlé paux de l'E-
ci devant, l'Aga de la Milice qui tat.
est le plus ancien Soldat, à qui on rend pendant l'espace de deux Lunes des honneurs extraordinaires, & à qui on donne une paye de deux cent Ecus; mais il n'a aucun pouvoir, il sort au bout

de ces deux Lunes pour faire
place à son successeur, & va passer le reste de sa vie en repos, sans
être sujet à aucune charge, joüis-
sant cependant de la paye ordinaire de vingt-cinq livres.

Le Cady qui est celui qui
décide des affaires de la Religion, & devant qui passent les
Ecrits & Contrats qui sont fort
rares en ce Païs-là. Il est subor-
donné au Dey, qui ne se mêle
pourtant point des affaires de
Religion. Le Chiaya est celui qui
doit succeder à l'Aga de la
Milice. Les quatre grands Ecrivains sont proprement les Ministres de l'Etat qui tiennent les
Livres des revenus & des dépenses de la République, & de
toutes les affaires Etrangeres, &
extraordinaires, ils sont nommés
par le Dey, & sont toujours assis
à sa droite pour exécuter ses ordres ; ils lui donnent leurs avis

quand il leur demande & non
autrement ; il ne leur demande
guéres qu'en particulier : il y a
outre cela quatre-vingt dix petits
Ecrivains qui font fubordonnés à
ceux-ci, & dont la plûpart n'ont
de fonction que celle qu'on leur
donne journellement.

Les Bays font des Géneraux Des Bays.
d'Armée, comme je l'ai dit ci-devant , qui font nommés par le
Dey , & qui lui font fubordonnés ; mais ils font auffi abfolus que
lui , lors qu'ils font dans leurs
Camps.

Le Cafnard Aga ou grand Du grand
Tréforier , eft celui qui fait met- Tréforier.
tre l'argent dans le Tréfor , qui
l'en voit fortir, & en tient Regiftre. On ne peut faire l'un & l'autre
qu'en fa préfence , mais il n'ordonne d'aucun fond , ni d'aucune dépenfe , & il ne peut même
toucher l'argent.

Le Petromelgy , eft celui qui

E iij

s'empare au nom du Dey, de tout le casuel, comme du revenu des Turcs morts sans enfans ou faits Esclaves ; on ne peut être enterré sans un Billet de lui.

Le Comtador est le Caissier du Trésor ; le Grand Cuisinier est un des principaux Officiers , & un de ceux qui est le plus dans la confiance du Dey , c'est celui qui a soin de sa table , & qui est l'Intendant de sa Maison.

Les Agas Bachy , Buluk Bachy , Odu Bachy , sont les principaux Officiers d'Armée , qui ne sont tous, à proprement parler , que des Capitaines d'Infanterie plus ou moins anciens.

Les Agas des Saphirs sont des Capitaines de Cavalerie.

Les Sagaidy sont les grands Porteurs d'eau qui ont des gens sous eux pour faire distribuer une quantité suffisante d'eau dans le Camp.

Les Chaoux sont un Corps

considérable composé de douze Turcs des plus forts, dont la principale fonction est d'exécuter les Ordres du Dey, soit pour arrêter ou faire punir qui bon lui semble. Ils sont vêtus de vert avec un Bonet singulier, ils ne portent aucunes armes, pas même de Couteaux ; cependant ils arrêtent seuls les plus séditieux quand on leur commande, sans qu'il y ait jamais eu aucun exemple qu'on leur ait résisté.

Les Viquilargys ou Soulacs, sont des vieux Soldats qu'on charge de quelques exécutions particulieres, ils sont armés de Lances de Cuivre, & tirent de l'Arc de la main gauche.

Les Cayers sont les Receveurs des Tailles ou de la Doüiane.

Le Capitan Bacha est l'Amiral ou chef de la Marine ; il est nommé par le Dey, & n'a de pouvoir déterminé, qu'autant qu'il a la confiance du Dey & des Officiers de la Marine.

Le Vice-Amiral eſt le plus ancien des Capitaines de Vaiſſeau.

Les Reys ſont les Capitaines, & chaque Capitaine a ſon Vaiſſeau ſeul, ou de moitié avec ſes Armateurs, ils n'ont d'autorité les uns ſur les autres que par ancienneté.

Le Reys de la Marine ou Capitaine du Port, eſt celui qui a ſoin de regler tout ce qui ſe paſſe dans le Port, il a pour cela une Juriſdiction particuliere, où il juge ſeul & fait exécuter les Jugemens ſur le champ.

De la Juſtice. La Juſtice Civile & Criminelle ſe rend preſque toute entiere par le Dey, il regle auſſi la Police & les autres affaires qui lui ſont ſubordonnées, les autres n'ont d'autorité que ce qu'il leur en laiſſe.

Les regles de la Justice font fort courtes & fort fimples, il n'y a jamais de Procès par écrit. Lors qu'il y a conteftation fur les bornes d'un héritage ou fur une dette, la chofe fe prouve par Enquêtes ou par témoins ; car les Créanciers ne fe font point de Billets entr'eux : quand le Débiteur eft condamné on lui délivre fur le champ trois cent coups de bâtons, & il paye le double quand il avoüe fa dette, & qu'il demande du tems fondé fur de bonnes raifons. On lui en donne un fort court, après quoi s'il ... fatisfait pas, on fait vendre fes biens à l'enchere, fans autres Procédures jufqu'à concurrence de ce qu'il peut devoir; nos Voifins, fur cet expofé, ne feroient pas leur compte en ce Païs.

Le vol eft puni de mort avec la derniere féverité, même pour les plus petites chofes.

A l'égard des crimes de conf-

cience, la Justice ne s'en mêle
point, à moins qu'il n'y ait scanda-
le public; ils prétendent qu'il n'y a
que Dieu seul qui puisse juger les
consciences.

Toutes les affaires telles quelles puissent être, tant Civiles que
Criminelles & politiques se deci-
dent sur le champ par oüi & non,
sans aucune formalité, & le jugement s'exécute dans le moment.

Des Supli-
ces.

Les Suplices sont la Baston-
nade, étrangler, bruler, empaler,
traîner à la queuë d'une Mule, ou
accrocher les Criminels vivants
à des grands Crochets de fer qui
sont à la Porte de la Ville. Voilà
les tourmens les plus en usage.

Les Turcs ne peuvent être
châtiés en public, mais seulement
dans la maison de l'Aga. Les
Suplices publics ne sont que pour
les Maures, Juifs, ou Chrétiens.

Il est assés difficile de marquer
précisément en quoi consistent
les revenus de la République,

presque tout étant casuel & les prises tant sur mer que sur terre, en faisant la plus grande partie.

Voici ce qu'on a pû sçavoir à peu-près ; mais cette estimation n'est pas fort juste.

Les Rays dont on a parlé rapportent tous les ans du Tribut des Maures.

Environ . . 250000. Piastres Cevilianes.

Revenus de la République d'Alger.

Du Domaine de l'Etat. 50000
Des Marchés & Foraines.
                        12000
Du Tribut des Juifs... 12000
Du droit de Doüanne, entrée
    & sortie 50000
Du droit sur les Jardins &
    Boutiques 20000
Des Cires & Cuirs . . 12000
Des Chefs de Métiers... 6000
De la Ferme du Sel . . . 6000
De la Lezine du Bastion. 10000
                        ‾‾‾‾‾‾‾
                        128000
                        ‾‾‾‾‾‾‾

De divers autres petits droits

environ 4000
De la dépouiile des Turcs
ou Maures 50000
Du rachapt des Esclaves. 5000
Des prises environ . . 200000

Total . . . . 687000 Piastres

Sans compter les Droits en nature, comme Bled, Orge, Chevaux, Mulets, & autres qui servent à l'entretien des Armées, & à la subsistance de la Maison du Dey ; & sans faire mention des présens que les Marchands Chrétiens, Juifs, & Maures leur font, en assez grande quantité.

Les dépenses ordinaires sont la Paye des Soldats qui monte à . . 360000 Piastres

D'autres dépenses pour les munitions des Armées pour entretenir les Villes &c. . . . 60000

420000 Piastres

sans compter les dépenses imprévües.

Tous les Turcs ou fils de Turcs font libres, & ne peuvent jamais être faits Efclaves. Tous Chrétiens pris par les Turcs les armes à la main, de quelque Nation qu'il foit, eft fait Efclave, & vendu de la maniere dont il eft marqué cy-deffus, au fujet des Prifes. Les uns font deftinés au Belly ou à l'Etat, & ce font ceux du Dey ; on les diftribuë dans des Bagnes; on les employe à des ouvrages publics, & aux differents fervices de la République, comme au fervice des Soldats au Camp, &c. Ils font nourris par le Dey; & quand il les envoye à la mer, il touche les deux tiers de leur part, & leur iaiffe l'autre. C'eft la fable de l'Huître partagée entre le Juge & les Plaideurs.

D'autres font deftinés pour les Galeres. Quand on en envoye, on ne leur donne point de Ration, ils vivent des Tavernes ou Boutiques qu'on leur permet d'avoir, & dont ils rendent même quelques chofes au Maître de la Galere.

D'autres tombent à des Particuliers, & font heureux ou malheureux, fuivant l'humeur de leurs Patrons. Quelques-uns acquierent tant de crédit dans leurs Maifons qu'ils y font fouvent plus maîtres que les Maîtres mêmes. D'autres en font continuellement maltraités. Leur emploi eft de faire tout ce qu'ordonne le Patron qui a un droit abfolu fur leurs biens & fur leurs perfonnes, étant maîtres de leur vie ou de leur mort fans en avoir aucun compte à rendre. Les plus à plaindre font ceux qui tombent entre les mains des Tagarins Maures ou Marchands d'Efclaves qui viennent pour les acheter, & qui ne cherchent que l'oc-

cafion d'y faire un grand profit.
Ils maltraitent d'avantage ceux
qu'ils croyent les plus riches,
pour les engager à fe racheter
promptement.

Ce rachat fe fait par les Peres
de la Miffion, ou par des Particuliers ; les Peres de la Redem-
ption viennent tous les ans, ou
tous les deux ans, fuivant leurs
fonds. Ces fonds montent, années communes, à dix ou quinze mille livres. Dès que les Peres font arrivés ils donnent trois
pour cent de leur argent au Dey,
& font enfuite une perquifition
fecrette, autant qu'ils peuvent,
de tous les Efclaves Chrétiens,
fe donnant bien de garde de faire
connoître ceux qu'ils confide-
rent le plus.

Ils font obligés de racheter
d'abord un certain nombre du
Belly, des Galeres, du Bacha,
& des grands Ecrivains, enfuite

Du rachat
des Captifs.

ils marchandent les autres avec les Patrons, & en tirent le meilleur parti qu'ils peuvent. Il y a outre le prix particulier des Efclaves, des droits confidérables à payer pour chacun ; ils montent à plus de foixante Piaftres par Efclave ; il en eft de même pour ceux qui font rachetés par des Particuliers.

De la Ville, de la Rade & Port d'Alger.

La Ville d'Alger eft fituée par les 36. degrés 49. minutes de l'attitude nord , & par les 24. degrés 30, minutes de longitude, fur le bord de la Mer Méditeranée.

Son abord eft affés facile , les terres s'en découvrent de fort loin ; on arrive dans la rade par un vent d'Eft à Oueft, en tournant par le Nord, mais les vents de Nord Eft, & Nord Oueft, font les traverfiers. Les Vaiffeaux y fatiguent beaucoup , parce que le vent & la Mer y entrent en mê-

me

me-tems & on y eſt même en
quelques dangers par les fré-
quents coups de Mer qu'on y
reçoit dans le gros tems , & par
les Ancres perduës qui ſont en
grand nombre dans cetteRade,ce
qui coupent ſouvent les cables
quand un Vaiſſeau chaſſe ſur Ancre. On moüille à une lieuë &
demie de la Ville par les trente &
quarante braſſes d'eau fond de
vaze ; les deux Caps qui terminent la Rade ſont,le Cap Caſſine
& le Cap Matifou. La Ville reſte
à l'Oueſt dans la Rade preſque au
Sud du Cap Caſſine ; elle paroît
du moüillage à peu-près de la
figure d'un hunier ; elle eſt élevée
en amphiteatre, & toutes les maiſons bâties en terraſſes repréſen-
tent une carriere ; elle peut avoir
avec ſes Forts une grande lieuë
de circonférence.

Le Port eſt artificiel & formé
par un rocher que l'on a joint à

la terre ferme par un Mole tiré de
l'Eſt à l'Oueſt d'environ cinq
cent pas. Il eſt petit & a peu de
fond, & le vent de Nord y cauſe un reſſac de Lames qui in-
commode ſouvent les Bâtimens.
Au bout de ce Mole il y a un Fanal & un Fort bâti nouvellement
& très bien voûté, qui contient
environ quarante piéces de Canon en batteries.

Il y a quatre autres Forts autour de la Ville pour la défendre ;
celui de Babaſſon qui eſt en bas
eſt ſitué au midi, & celui de Baba-
louet au Septentrion. Les deux
autres ſont en haut dans les terres,
& ſe nomment les Forts de l'E-
toile & de l'Empereur.

La Ville eſt flanquée de vieilles
Tours quarrées de même hauteur
que les murailles, avec des petits
foſſés qui ne ſont pas de grande
défenſe, il y a deux autres petits
Forts de douze ou quatorze Ca-

nons sur la rade au nord de la Ville du côté du Cap Caffine.

Les Algériens assurent avoir tant dans ces Forts qu'au tour de la Ville quatre cent piéces de Canon de fonte en batteries, ce qui n'est pas aisé de vérifier, parce qu'ils ne permettent pas que les Etrangers les visitent ; il n'y a nulle apparence qu'il y en ait une aussi grande quantité.

De la quan-tité de Ca-nons de la République.

Les ruës de cette Ville sont fort étroites, les maisons toutes bâties en terrasses (comme je l'ai déja dit ci-devant,) sans aucu-nes couvertures , se touchent presque toutes par le haut , de sorte qu'on pourroit facilement du fête de sa maison aller chez ses voisins. Il y a peu de maisons qui n'ayent une cour , & les chambres ne reçoivent du jour que par des petites lucarnes qui donnent sur la cour , ou bien par la porte ; il y a peu de fenêtres sur

Des Ruës & Maisons.

la rüe. Il n'y a dans Alger ni Jardins ni Places publiques. La Ville eſt fort peuplée ; on y compte environ 150000 âmes, dont il n'y a pas la douziéme partie de Turcs.

Des Etrangers.

Les Etrangers qui ſont à Alger ſont le Conſul de France & ſa famille, le Chancelier , & deux autres François qui y ſont établis , & l'Agent de la Compagnie d'Afrique.

Le Conſul décide de tous les différens qui peuvent ſurvenir entre les Marchands François , & même entre toutes les Nations franches qui ſont ſous la protection de France. Il a le pas devant les autres Conſuls , & prend ſoin des affaires du Royaume & de la Nation.

La Maiſon d'Angleterre où demeure le Conſul de cette Nation n'eſt guéres plus nombreuſe que celle de France.

On y voit la maison du Vicaire Apostolique où demeurent trois Religieux Missionaires, fondée par Madame d'Aiguillon pour l'assistance des Esclaves Chrétiens.

La Maison de l'Hôpital fondée par un Capucin Confesseur de Dom Juan d'Autriche. Ce Prince lui ayant envoyé une grosse somme d'argent pour se racheter des Algeriens par lesquels il avoit été pris ; ce Pere employa cette somme à acheter la Maison de l'Hôpital , y fonda seize lits pour les Esclaves Chrétiens malades , & trois Religieux pour en avoir soin. Ce bon Religieux mourut Esclave quelques années après cette fondation. Le revenu de cette Maison peut se monter à deux mille Piastres ; ce sont les Peres Administrateurs d'Espagne qui en ont soin, & la Maison est sous la protection du Consul Anglois.

Il y a outre cela dans la Ville
cinq mille familles de Juifs qui
font les Courtiers des Turcs, &
qui font prefque tout le commerce du pays ; ils payent tribut à
l'Etat, & font expofés à des ava-
nies affés frequentes dans des cas
de néceffité d'argent pour le
befoin public.

Les Etrangers n'ont de commerce qu'entr'eux , ce qui rend
ce féjour fort trifte ; ils font expofés même à des infultes & à des
injuftices fréquentes pour des
affaires de leur Nation , dont il
faut qu'ils diffimulent une partie.

Du Com-
merce.

Il arrive peu de Bâtimens en
ce pays fur tout des François qui
ne peuvent y porter des armes ,
& des munitions de guerre ,
comme font les Anglois , ce qui
fait le principal commerce de ces
derniers. Le refte du commerce
confifte en Nolis de quelques
Bâtimens que les Turcs prennent

pour aller au Levant; à l'égard du
commerce des Marchandifes,
c'eft fort peu de chofe. La fortie
de tout le commeftible eft défendüe , tout le refte paye 5 pour
cent d'entrée, & deux & demi
..e fortie. On y vend fort peu de
Draps, Papier, Droguerie, Epi-
cerie ; on en tire quelques plumes
d'Autruches , Cires, Cuirs, &
Laine ; mais en général il y a peu
e profit à faire , tant par le peu
d'argent qu'il y a dans le Pays,
que par les frais du tranfport, &
par l'incertitude de la bonne foi
des ventes. Tout le commerce fe
fait par l'entremife des Juifs qui
trompent , & font banqueroute
pour la plûpart.

Les Charges de la Banniere
d'Angleterre font à peu-près les
mêmes que celles de France, à
la referve du droit de Tonelage
& de Cottino que les François
payent de plus.

La Monnoye courante à Alger font des Piaftres legeres de la valeur de 2 livres 15. fols quand elles font au-deffous de 3 livres. 10 fols, & quand elles font au-deffus on les prend au poids. La Piaftre d'Alger doit pezer deux piftoles & demie d'Efpagne.

Les Sequins de Barbarie ou Sultanius valent deux Piaftres & demie. Les Afpres font une petite monnoye de la valeur d'un denier de France, deux cent trente-deux font la Pataque.

Le Quintal d'Alger peze poids de Marfeilles 133 livres, & poids de marc cent fix ; la livre eft compofée de feize onces, hors celle de Chocolat & de quelques autres Marchandifes qui n'eft que de quatorze onces. La livre de Dattes & de Raifins peze 27. onces.

La mefure ordinaire des Etoffes

ſes eſt le Pic de Turquie qui eſt une demie aulne & un pouce, les Etoffes d'or, d'argent, & de ſoye ſe vendent au Pic Maureſ-que, dont trois ne font que deux Pics & un tiers du Pic Turc.

Le génie des Turcs, & celui des Maures eſt différent, quoique les Maures ſoient à peu-près les mêmes.

Les premiers font extréme-menr fiers, inſolents, Pirates, accoutumés à mépriſer les autres Nations, par l'habitude qu'ils ont d'en avoir d'Eſclaves chés eux. Ils ſont ſoumis religieuſement à l'obſervation de leur Loi, & du gouvernement, même tant qu'il ſubſiſte ; mais d'ailleurs mutins, inquiets, & toujours prêts à aſſaſ-ſiner leur Chef au moindre ſujet de mécontentement. Les plus ſages d'entr'eux ont des principes de vertu & d'équité naturelle, dont ils ne s'écartent gueres;mais

Du génie des Turcs, & de celui des Maures, de leurs mœurs & manieres.

le commun n'eſt retenu que par
la crainte des châtimens.

Ils ont peu de politeſſe, peu de
connoiſſance dans les Lettres &
dans les Arts ; la pluſpart ne ſça-
vent ni lire ni écrire ; ils vivent de
Ris , de Fruits, de Viande ou de
Poiſſons rotis ; ils ne doivent jamais boire de vin ſelon leur loi ,
mais pluſieurs en uſent & s'y
livrent même avec excès. Cette
liqueur priſe modérément, ne les
rendroit-elle pas plus courageux?

*De leurs
Viſites.*   Ils ne ſe viſitent preſque jamais,
excepté pour affaire. Ils ne ſe
voyent que dans les Caffés , à la
marine, chés le Dey , dans les
carrefours, & font ſouvent deux
heures en ſemble ſans ſe rien
dire.

*De la Mai-
ſon du Dey.*   La maiſon du Dey n'eſt gueres
plus belle que celles des particuliers , excepté qu'elle eſt un peu
plus grande ; il ſe tient preſque
toujours dans ſa cour , aſſis ſur un

rebord de pierre ; c'eſt dans cet
endroit où il tient ſon Divan ou
Conſeil. Il donne audience en
haut dans un grand colidor vis-à-
vis ſa Cuiſine ; il n'a que deux
petites chambres carlées de por-
celaines du Levant, le reſté de ſa
maiſon n'eſt qu'un Galetas où logent ſes Officiers ; les Ecuries
ſont des méchants apeatis où il y
a vingt-cinq ou trente chevaux
attachés par un pied chacun, avec
des chaînes. Je les ay trouvé fort
vilains, à la reſerve d'un gris pom-
melé que lui a donné le Roy de
Maroc.

Un Turc ne peut voir la femme d'un autre. Les femmes vont
voilées dans les ruës, n'ayant que
les yeux découverts ponr ſe conduire. Elles ſe viſitent quelques
fois entre-elles, & un Turc ne
peut entrer chés lui lors qu'il y a
une autre femme avec la ſienne.

Les mariages ſe font la pluſpart

De la ma-
niere dont
les femmes
vont dans
les ruës.

Des Maria-
ges.

des Turcs avec des Maurefques.
Ils ne les voyent point avant que
de les époufer, ils font obligés de
s'en rapporter aux parens de la fille ou à des femmes du métier qui
négocient l'affaire. Plufieurs de
ces Maurefques font blanches,
& quelques-unes même affés belles; elles apportent un doüaire en
mariage, qui confifte en fond de
terre & argent; quoique fuivant
leur loi les Turcs puiffent époufer
quatre femmes, il eft d'ufage
parmi les Algériens de n'en avoir
qu'une. Les défauts naturels ne
font point en honte chés eux; plufieurs même s'en font honneur.

Du Jeu.   Il leur eft défendu de joüer à
aucun jeu où ils puiffent perdre
leur argent, ils ne joüent qu'à une
efpece de jeu d'Echets différent
des nôtres; l'intéreft du jeu confifte au plaifir de joüer.

De leurs   Ils n'oferoient jurer mal à pro-
Sermens. pos le Saint nom de Dieu; il leur

eſt très-expreſſément défendu. Ils
regardent comme indigne d'eux
de voler & piller pendant le tems
d'un combat.

C'eſt un principe de religion
chés eux de taxer le pain, le vin
& le commeſtible. Ils eſtiment
plus la profeſſion des armes que
toutes autres.

Ils oublient aſſez facilement
leurs querelles le premier mouvement paſſé.

Ils regardent comme un principe de religion de laiſſer chacun libre dans la ſienne, & ils
eſtiment d'avantage ceux qui
exercent le mieux la leur.

Ils embraſſent tous la profeſſion qu'ils veulent, pourvû qu'elle ne les arrêtent point lors qu'il
s'agit du ſervice de la République.

A l'égard des Maures il y en a
de fort riches, & qui font un gros
trafique, mais le commun eſt fort

misérable , les uns s'employent au service des Turcs , les autres vivent dans la campagne , la plûpart logent sous des tentes , y ayant peu de Villes formées & peu d'habitations bâties parmi eux .Ils s'assemblent par famille sous l'autorité d'un Chef qui répond de la taille pour la troupe. Ils cultivent un petit terrain & en changent quand ils l'ont usé , ou qu'ils s'en dégoutent ; en général ils ont un profond respect pour les Turcs , qui cependant les traitent avec beaucoup de mépris & une extrême hauteur. Ces Maures sont méchans , voleurs , fourbes , & se trahissent les uns & les autres , ce qui fait que les Turcs en viennent à bout plus facilement qu'ils ne feroient sans cela.

Ils ont leurs Juges & Officiers séparés dans les Armées , & dans la Ville , ils ne se mêlent jamais avec les Turcs.

On dit même qu'il arrive fou- vent dans les combats, que les Turcs au nombre de huit à dix mille, terminent l'action de part & d'autre. Pendant qu'il y a un corps de troupes de 40000 Mau- res de chaque côté, qui les regardent battre fans prendre part à l'action, & qu'après la bataille les deux partis des Mau- res fe rangent du côté du vain- queur.

Il y a aux environs & à cinq ou fix lienës l'Alger, quelques peuples qui ne font point abfolu- ment foumis aux Turcs, & qui leur payent feulement un tribut, & leur fourniffent du fecours en temps de guerre. Ces peuples font les Zoires, les Arabagys, les Topigys & les Gibegys.

Les Algériens fe regardent comme forts fupérieurs aux autres Nations voifines, qui font Tunis, Fez, Maroc, & Sallé; ils le font

De l'intérêt de la Répu- blique par rapport aux autres Na- tions.

effectivement & les ont presque
toujours défaits dans les Guerres
qu'ils ont eû enfemble ; cependant ils croyent de leurs intérêts
de s'entretenir en bonne intelligence avec ces Nations ; parce
qu'ayant dans le cœur de l'Etat
pour principales ennemis les
Maures qu'ils gouvernent , ils
craignent des révoltes de la part
de ces Sauvages qui feroient en
état de les perdre dans un inftant,
s'ils fe joignoient à leurs voifins.

A l'égard des Princes Chrétiens , comme ils n'ont pas les
mêmes intérêts de les ménager ,
& comme leur génie & leurs
mœurs les portent au pillage, &
à faire le métier de Corfaire , ils
ne font pas fâchés de s'entretenir
en Guerre avec eux , & pour
avoir occafion de faire la Courfe,
qui fait leur principal revenu. La
Courfe leur eft d'autant plus favorable , qu'il eft vrai que l'Etat y

gagne, lors même que les particuliers y perdent ; tant, parce
qu'il profite de la dépoüille de
tous les Turcs tués ou pris, que
parce qu'il eſt des Loix de l'Etat
que les Armateurs d'un Vaiſſeau
pris, ſont obligés d'en faire un
neuf à leurs dépens ; il eſt certain
d'ailleurs qu'ils riſquent moins à
perdre qu'à gagner dans la Cour-
ſe, puiſque pour quatre ou cinq
mauvais Vaiſſeaux armés en
Guerre qu'on leur prendra avec
beaucoup de peine, ils prendront
cinquante Bâtimens Marchands
richement chargés, qui les dé-
dommageront bien amplement
du peu de mal qu'on leur aura
fait. Il eſt vrai qu'un trop grand
nombre d'ennemis les ruineroit
bien-tôt, croiſant à l'entrée de
leur Port, & les y tenant renfer-
més ; c'eſt ce qui fait qu'ils craignent d'avoir à faire à tous les
Princes Chrétiens à la fois, &

entr'autres avec la France qu'ils
ont regardés jufqu'alors comme
la plus puiffante. *

Le 19. nous nous rendîmes à
Bord à fix heures du foir, & le 20.
à quatre heures du matin, le
Commandant fit fignal de défafourcher, A dix heures le vent
étant à l'Eft bon frais, on appareilla. A midy, nous étions fous
voiles, le vent ayant continué à
l'Eft groffe Mer. Nous cingla-
mes au plus près l'amur à Tribord
& fimes route au Nord Nord
Oueft. A fept heures du foir le
Cap Caffine nous reftoit au Sud,

---

* Cette Relation doit flatter d'autant plus
les Lecteurs , que j'y ai évité de tomber
dans les défauts de certains Voyageurs que
je ferois trop long-temps à critiquer , &
qui femblent n'avoir voulu chercher que le
merveilleux pour embellir leur Ouvrage en
s'écartant de la verité. Eloigné de vouloir
abufer mes Lecteurs, je m'attache moins à
la beauté du ftyle qu'à la pureté de la dic-
tion, & qu'à ne m'éloigner des bornes de
l'exacte verité.

& le Cap Matifou au Sud-Eſt.

Les 21. & 22 nous eûmes très peu de vent : la hauteur obſervée ſe trouva de 38. Degrés 59. minutes Lattitude Nord. A cinq heures du ſoir nous vimes un Vaiſſeau qui faiſoit la même route que nous. Le Commandant fit ſignal de lui donner chaſſe par une Enſeigne blanche & un coup de Canon. Toute la nuit le vent d'Eſt continua & nous faiſions deux lieuës par heure.

Le 24. à un heure après minuit il mourut un Matelot de notre bord. A 5 heures du matin nous vîmes la terre, nous forçames de voiles pour la reconnoître. A neuf heures nous virâmes de Bord, l'air étant embruiné, faiſant beaucoup d'Eclaires & de Tonnerre, le Commandant fit ſignal de prendre un Ris aux Huniers ; pendant toute la nuit on courut avec les baſſes voiles carguées ; le lendemain vingt-cinq à quatre heures du matin nous vîmes un Vaiſſeau qui faiſoit route au Sud Oueſt , qui venoit de la Galipe que le Pere Jean-hau prend pour Gallipoli, dans la Deſcription de ſon Voyage du Levant. A huit heures nous vîmes un Vaiſſeau Anglois qui faiſoit route au Nord Oueſt, & à neuf heures on jetta le Matelot à la mer.

Le 26. nous rencontrâmes un Pinque François qui venoit du Levant, & qui envoya ſon Canot à bord du Commandant pour prendre ſes ordres pour la France, qui enſuite continua ſa route , & ſalua de trois coups de Pier-riers.

Le 27. à huit heures du ſoir , étant entre l'Iſle Plane & le Cap Zebibe, l'on ſonda , & ayant trou-vé vingt braſſes d'Eau fond de va-ze. A neuf heures le Commandant fit ſignal de moüiller par cinq

coups de Canon, deux feux l'un
fur l'autre aux Haubans de mifaine,
un fur le Beaupré, un autre fur la
grande Hune, & un feu extraordinaire à la Poupe. A neuf heures
& demi on moüilla par vingt-fept
braffes d'Eau fond de vaze.

Le 28. au point du jour on
appareilla pour aller moüiller à
Tunis. A trois heures nous moüillâmes par les fept braffes d'Eau
fond de vaze. Le nommé Saba-
tier Pilote Amiral qui étoit embarqué à bord du Commandant,
faillit de le faire échoüer faute de
connoître le Moüillage. M. Du
Guay ne voulut plus le fouffrir,
& l'envoya fur le Vaiffeau le Toulouze. A trois heures tous les
Vaiffeaux Marchands qui étoient
dans la Rade faluerent le Commandant qui leur rendit le falut
de trois coups de Canon. L'on
s'affourcha Nord Nord Oueft,
& Sud Sud Oueft.

Le 29. à sept heures du matin le Château de la Goulette salua de 21. coups de Canon ; le salut fut rendu coup pour coup. A 9. heures le Consul de France vint à bord du Commandant, & quand il s'en retourna il fut salué de trois cris de *Vive le Roy*, & de neuf coups de Canon. A six heures du soir il vint une Tartane prendre les futailles pour aller faire de l'Eau à Porte Farine, & à onze heures mourut sur notre bord un Ayde commis nommé Antoine Dumas natif de Toulon.

Le lendemain le Commandant défendit d'aller à terre jusqu'à nouvel ordre, ayant eû avis par une Tartane, que M. le Chevalier de Caylus avoit pris une Gaillotte Tunitienne qui croisoit du côte de Beauquaire. M. du Guay-Trouïn envoya à terre le Commissaire de l'Escadre & un Officier avec le Consul,

avec ordre de dire au Bey ce qui
s'étoit passé au sujet de sa Gaillotte, & de ne lui rien sçeller, en
même tems de sçavoir ses dispo-
sitions sur ce qui s'étoit passé au
sujet des Pirateries commises par
les Corsaires de sa République.

Ces Messieurs étant de retour,
dirent à M. du Guay, que le Bey
ne rendroit aucune satisfaction
sur ce qu'on lui demandoit, qu'on
ne lui eut rendu sa Gaillotte & ses
gens.

Le 1. Juillet M. du Guay-
Troüin envoya dire au Bey, qu'il
ne partiroit point de sa rade qu'il
ne lui eût octroyé ce qu'il lui
demandoit, à quoi le Bey répondit, qu'il pouvoit y rester tant
qu'il voudroit, que pour lui il
partiroit dans deux jours pour
aller à son Camp ; mais ensuite
ayant réfléchi sur ce qu'il disoit,
il parla autrement, & dit qu'il sa-
tisferoit à ce qu'on lui demandoit,

pourvû qu'on lui promit de luï renvoyer ſa Gaillotte & ſes gens.

Le 2. le Bey envoya à Bord des préſens qui furent diſtribués ſur le champ aux Vaiſſeaux de l'Eſcadre. Tout le monde pour lors eut permiſſion d'aller à Terre ; pluſieurs Officiers furent chaſſer dans les ruines de Carthage, & nous, nous fumes à la Ville avec Monſieur Darcy Commiſſaire de notre Bord. Nous logeâmes chés le Conſul où nous fûmes très bien reçus.

Je fus me promener dans la Ville, où il y a des fripons pour le moins auſſi habiles qu'à Alger ; je puis en parler ſçavamment, puiſque malgré toutes les précautions que je prenois pour n'être point volé, il s'en fallut peu qu'il ne m'en coûta une Tabatiere.

Après avoir viſité les dehors de la Ville, je rentrai par la même porte que j'étois ſorti, & après

avoir

avoir paſſé une petite Place qui
eſt au bout de la ruë où demeure
le Conſul , je pris une priſe de
Tabac ; ayant remis ma Tabatiere dans la poche de ma veſte ; un
jeune Maure âgé d'environ vingt-
cinq ans , ayant remarqué dans
quelle poche je l'avois miſe ,
s'approcha de moi & me la prit
ſi ſubtilement, qu'à peine pus-je
m'en appercevoir ; mais étant
toujours dans la défiance, je le
ſurpris, & lui arrêtai la main en
mettant ma Tabatiere dans ſon
ſein. Lors qu'il vit que je voulois
lui ôter ſon vol, crainte qu'il ne
le faſſe paſſer dans d'autres mains ,
il le laiſſa tomber ; ne lui tenant
le bras que d'une main , il m'é-
chapat dans le moment que je
ramaſſois ma Tabatiere , & ſe
ſauva parmi nombre d'autres
peut-être auſſi fripons que lui ,
& je ne vis plus mon homme.
L'on m'aſſura que ces filoux

avoient un Protecteur auquel ils donnoient un Aspre par jour.

Je fus ensuite au Bazard qui est le lieu du marché, où il n'y a rien de curieux.

Tunis est bâti dans une Plaine sur le bord du Lac de la Goulette, à 2 lieuës de la Mer, sa figure est un quarré long, & est peu fortifiée, ses murailles sont flanquées de quelques petites Tours assez mal entretenuës. Il y avoit autrefois des fossez avec des Bastions, & quelques demies-Lunes ; mais depuis que cette Ville est sous la domination des Turcs, toutes les Fortifications en ont été ruinées. Elle est célebre par le grand Commerce qui s'y fait avec toutes les Nations. L'on prétend qu'elle a été bâtie des ruines de Carthage, par les premiers Arabes qui vinrent s'établir en Afrique.

Il y a sur le bord de la Mer

un Château nommé la Goulette, bâti à l'embouchure du Canal de ce nom qui conduit de la Mer à la Ville, en traverſant le Lac qui a deux lieuës de long & autant de large ; il a été bâti par Barbe Rouſſe, un des plus fameux Corſaire de ſon temps.

Le trois, pluſieurs Officiers vinrent dîner chés M. le Conſul, & s'eu retournerent à bord l'après midi, parce que le Commandant étoit dans le deſſein de mettre à la voile auſſi-tôt que le vent ſeroit favorable. M. d'Arcy s'en retourna auſſi, il n'y eut que M. de la Condamine qui reſta à terre juſqu'au lendemain.

Le quatre nous nous rendîmes au Château de la Goulette où nous arrivâmes à ſept heures du matin ; ayant mis pieds à terre, & ne voyant aucune apparence de partir, M. de la Condamine remonta à cheval avec un Marchand François & fut voir les ruines de Carthage ; je ne pûs y aller avec lui par rapport à notre Equipage & plufieurs emplettes que nous avions faites à Tunis ; je reftai proche le Château fur le bord de la Mer , avec plufieurs Turcs qui s'éfforçoient de me parler un langage auquel je ne comprenois rien. Je reftai tranquile jufqu'à neuf heures que M. de la Comdamine m'envoya dire qu'il avoit trouvé une Chaloupe qui s'en retournoit à bord & qu'il avoit profité de l'occafion pour y aller; que dans peu l'on viendroit me chercher.

L'Auteur croit refter à terre.

J'attendois patiemment le moment de partir, lorsqu'à dix heures le Commandant fit fignal de défafourcher ; je commençai pour lors à m'inquieter & croyois que l'on m'avoit oublié , ne voyant venir aucune Chaloupe pour me prendre ; mon inquiétu de augmenta beaucoup, lorsqu'à midi perſonne n'étant encore venu, j'entendis tirer le coup de Canon de partance ; ayant pris ma lunette d'approche, je découvris que le Commandant avoit mis pavillon pour apareiller. Ce fut dans ce moment que je crus reſter proche le Château de la Goulette. Je cherchois en vain auprès des Turcs qui ſont pour la garde de ce Fort, les moyens de retourner à bord, lorsque j'apperçus la Chaloupe d'un Bâtiment Marchand François qui venoit prendre des proviſions au Château proche lequel j'étois reſté ; je fus ſans perdre de tems parler au Capitaine qui heureuſement étoit dedans, je lui repréſentai le peu de tems qui me reſtoit pour me rendre aux Vaiſſeaux du Roy qui étoient prêts à faire voile, & éloignés de Terre d'environ deux lieuës, & le priai de me prêter ſa

Chaloupe pour me conduire à
bord. Il me l'octroya avec beaucoup de politesse ; je m'embarquai sur le champ & pris congé
du Capitaine que je remerciai
mille fois. Il y avoit six Matelots
dans la Chaloupe dont cinq ra-
moient, & pour les faire ramer
tous six, je me mis au gouvernail
que le sixiéme conduisoit. Nous
partîmes avec vent contraire &
beaucoup de Mer, par conséquent nous allions très douce-
ment. J'arrivai enfin dans le moment que l'on mettoit l'Ancre
dedans, & que le Vaisseau alloit
forcer de voiles : tout l'Equipage
fut surpris de me voir arriver, &
surtout M. de la Condamine qui
étoit très inquiet de moi, & voyoit
le moment que je restois à Terre
sans pouvoir m'envoyer chercher ; j'embarquai tout notre
Equipage par un Sabord de Ste
Barbe, & fis rafraîchir les Ma-

telots qui m'avoient amenés qui furent aussi gratifiés par M. de la Condamine. Je n'étois pas le seul qui avoit couru le risque de rester à Terre , plusieurs Officiers étoient encore dans les ruines de Carthage lors que j'étois proche le Château de la Goulette. J'aurois eu sans y penser de quoi me consoler d'une pareille avanture ; ils arriverent à leurs bords peu de tems après moi par de mêmes occasions.

Nous partîmes de la Rade de Tunis avec le vent de Nord Ouest à deux heures après midi. A sept heures du soir n'ayant pû doubler les Imbres, l'on vira de bord vent arriere, & l'on prit lof pour lof. Le Commandant fit signal de retourner au Moüillage, & l'on fit route à l'Ouest Sud Ouest pour retourner moüiller à Carthage. L'on moüilla entre Port Farine & ledit Cap , par les 37. brasses d'eau fond de vaze.

Le 5. à neuf heures du matin, le Commandant fit fignal d'appa-reiller; à onze heures nous étions fous voiles, avec un vent de Nord Nord Eft bon frais. On ne fit que louvoyer toute la journée pour doubler les Imbres. A fept heures du foir n'ayant pû les doubler, l'on continua la bordée au large. A dix heures le vent ayant molli, l'on mit en Panne jufqu'au lende-main huit heures du matin.

Le fix nous continuâmes notre route avec fort peu de vent. Le 12. hauteur obfervée 33. degrés 43. minutes lattitude Nord. Ce même jour le Commandant fit fignal de donner chaffe à la Ter-re; à cinq heures du foir on la reconnut.

Le 13. on découvrit le Châ-teau de Tripoly & les Datiers qui y font en grande quantité. Peu après l'on apperçut la Ville fort diftinctement. A fix heures

nous moüillames par les 17. braffes d'eau fond de vaze.

M. le Conful vint à bord du
Commandant,& en retournant à
terre il fut falué de trois cris de
Vive le Roy, & de neuf coups
de Canon. Les Vaiffeaux Marchands qui étoient dans le Port
faluerent le Commandant de
toutes leurs bordées ; le falut fut
rendu d'un coup feulement. Perfonne ne fut à terre ce même
jour.

Le lendemain quatorze tout le
monde fut à terre , & tous chés le
Conful , maîtres & domeftiques
chacun étoit bien reçu.

Il fit faire bonne chere à tous
ces Meffieurs ; mais n'ayant chés
lui que fort peu de chambres ,
chacun ne pouvoit avoir la fienne;
& pour que tout le monde fut
couché , on mit des matelats par
terre dans un grandSalon où tous
fe coucherent ; de forte que la

nuit se passa avec beaucoup de tapage sans que personne put dormir.

Le 15. à neuf heures du matin, nous fûmes à l'Audience du Bey, pour accompagner M. le Marquis d'Antin qui fut envoyé par M. du Guay pour faire exécuter les derniers Traités, & satisfaire aux Conventions faites après le dernier bombardement. Il fit présent au Bey d'une paire de Pistolets magnifiques, dont les canons étoient carabinés & se démontoient en trois endroits; il reçut ce présent avec beaucoup de joye, & après les avoir consideré fort long-tems il ordonna de gratifier le domestique qui les avoit apporté, à qui on donna dix Sequins Venitiens.

M. le Marquis d'Antin fut accompagné, à cette Audience, d'un grand nombre d'Officiers, & de tous les Gardes Marines en habits d'ordonnances. Comme il

faifoit fort chaud, pendant toute
l'Audience un Officier qui étoit
auprès du Bey le rafraîchiffoit
avec un grand Eventail de plumes. Il étoit affis au coin de la
Salle à gauche fur un Carreau
magnifique & richement brodé.
M. le Marquis d'Antin étoit à fa
gauche , tous les Officiers &
Gardes Marines étoient affis devant lui & formoient un demi
cercle. On apporta du Caffé &
de la Limonade en grande quantité que l'on diftribua à toute l'af-
femblée ; enfuite l'on brûla des
parfums dans la Salle où nous
étions. Après avoir été parfumés
l'on répandit fur nous beaucoup
d'Eau-Rofe , & d'autres Eaux
de fenteur. L'Audience finie,
nous fortîmes du Château du
Bey dans le même ordre que
nous y étions entrés.

Je fus enfuite au Bazard ou Du Bazard.
Marché qui fe tient hors de la

Ville dans une grande Plaine
fur le bord de la Mer. Cette
promenade feroit fort agréable
fans la quantité de fable qui s'y
trouve, & qui dans cette faifon
caufe une chaleur exceffive. Cette Plaine eft plantée de grands
d'Atiers où l'art n'a aucune part;
il y a auffi quantité de Jardins qui
font arrofés par des Puits où l'on
tire l'eau avec une machine faite
en maniere de Balancier. A cette
Machine font attachés plufieurs
fçeaux de côté & d'autre. On
attelle un Bœuf à une corde qui
tient au Balancier. Ce Bœuf tire
en defcendant dans une foffe
faite exprès, qui a dans fa pente
environ foixante pas ; quand le
Bœuf eft au bout de ladite foffe
les fçeaux font hors du puit &
fe vuident dans un réfervoir de
pierre. Le Bœuf retourne auprès
dudit puits, où étant arrivé, d'autres fçeaux fe trouvent encore
dehors & fe vuident ainfi que les

premiers. L'on se sert de cette Machine aux Puits très profonds. Et à ceux qui le sont moins on se sert d'une roüe où sont attachés plusieurs Godets qui se vuident dans une espece d'auge qui est sous le bord du Puits d'où l'eau tombe dans un réservoir à mesure que l'on fait tourner la roüe.

Revenu du Bazard je parcourus toute la Ville qui se ressent beaucoup du dernier bombardement; il y a encore quantité de maisons entierement ruinées, des pens de murs abbatus; en un mot, beaucoup de dégât.

L'après midi je fus aux Bains avec un de mes amis. Ce sont des Etuves dont le pavé est de marbre, & au milieu est une grande tombe de marbre d'environ huit pieds de long sur cinq de large, relevée d'un pied du pavé sur laquelle on se couche pour se faire frotter.   I iij

Ces fortes de Bains font faits en Dôme , & ne reçoivent du jour que par des petites lucarnes vitrées qui font à la voûte , il y a des Fontaines d'eau tiede dans des petits Cabinets au fond du grand Sallon pour fe laver foi-même. L'on fe déshabille dans une grande Salle très-chaude , où font des relais de pierre fur lefquels il y a des nattes & l'on y fait porter des matelats & des couvertures quand on veut s'y coucher fortant du Bain. Les Turcs y reftent très-long-tems & prétendent que cela eft bon. Il faut paffer trois portes très-bien fermées avant que d'arriver dans l'Etuve , où étant entré on fe couche fur cette grande pierre dont je viens de parler, enfuite un Turc, Garçon du Bain, vient, ayant à fa main un morceau d'é-tamine de la longueur de fix pouces & rembouré de mor-

ceaux d'étoffes formant par conféquent une broffe affez dure ;
un autre Garçon apporte de l'eau
qu'il verfe fur le corps pendant
que fon camarade le frotte ; après
avoir été bien frotté pour ne pas
dire étrillé, on me retrouffa les
jambes derriere le dos d'une fi
grande force, que je penfai qu'on
avoit juré de me rompre les os ;
je crus véritablement avoir les
cuiffes & les jambes rompües.
Je priai ces baigneurs peu caref-
fans de ceffer, & les difpenfai en
même-tems de cet exercice que
je trouvois un peu trop rude. L'on
prétend que cette façon de bai-
gner eft fort bonne , mais il eft
felon moi difficile de s'y accou-
tumer.

Le même jour M. le Conful
d'Hollande donna un magnifique fouper à Meffieurs d'Antin,
de Florenfac, de Theffé , de la
Condamine, d'Arcy, du Reveft,

& autres. Sa Maison, ainſi que ſa cour & les galleries étoient illuminées. Le ſouper dura juſqu'au lendemain cinq heures du matin.

Arc de Triomphe.

L'on voit dans cette Ville un Arc de Triomphe, à quatre faces, bâti par les Romains, tout de marbre ſculpté en bas relief, dont l'inſcription eſt ſi mutilée qu'on ne peut la déchiffrer; on a fait un Magazin dans le lieu qui le renferme.

Départ de Tripoly.

Le 17. tout le monde ſe rendit à bord & nous fimes voiles à neuf heures & demi avec fort peu de vent.

Depuis notre départ de Tripoli juſqu'au vingt-ſix, nous fimes très-peu de chemin, ayant toujours vent contraire & ſouvent point du tout. Ce même jour nous reconnumes l'Iſle de Candie. Comme M. du Guay-Trouïn avoit envie de finir ſa

miſſion le plûtôt qu'il lui ſeroit
poſlible, il convint que l'Eſcadre ſe ſépareroit à la hauteur du
Cap Saint Jean; que les Vaiſſeaux l'Eſperance & le Toulouze
iroient à Tripoly de Sicie, & à
Alexandrette; & que le Leopard
& l'Alcion iroient à Alexandrie,
à Saint Jean d'Acre & à Seyde,
& que le rendez-vous ſeroit à
l'Ernica en Chypre.

Le 27. à cinq heures du ma- L'Eſcadre ſe
tin le Commandant ſe rangea ſépare.
à l'Eſt pour faire ſa route & nous
au Sud Eſt $\frac{1}{4}$ d'Eſt ayant auſſi
bon vent que nous; à ſept heu-
res nous le perdîmes de vûë; &
à midi nous apperçumes quatre
Vaiſſeaux à environ cinq lieuës
de nous. Comme le Leopard,
à bord duquel nous étions embarqués, étoit pour lors Commandant, il mit ſa flamme au
grand mâts & arbora Pavillon
blanc au bâton d'Enſeigne; ces

quatre Vaiſſeaux arborerent Pavillon rouge , & nous paſſerent
au vent ; étant par notre travers
à environ deux lieuës de nous
ils nous ſaluerent de trois coups
de Canon , le ſalut leur fut rendu coup pour coup , & ils remer-
cierent d'un quatriéme coup.
Trois de ces Vaiſſeaux étoient
Algériens , & le quatriéme ,
une priſe faite ſur les Venitiens.

Le 28. nous vîmes la terre
d'où nous n'étions éloignés que
de cinq lieuës. A quatre heures
on reconnut la Tour des Arabes
qui nous reſtoit à l'Eſt quart Sud
Eſt ; hauteur obſervée 31. dégrés
16. minutes latitude Nord.

Le 29. nous vîmes les Be-
quiers que notre Pilote Côtier
prenoit pour Alexandrie. Le Pilote de l'Alcion , connoiſſant
mieux la Côte , vit par la route
que nous faiſions , que le nôtre
ſe trompoit , & en donnna avis

à M. de la Valette qui nous fit signal de l'attendre pour nous parler ; nous mîmes en panne ; il nous paſſa à Poupe & nous dit que nous nous trompions, que c'étoit les Bequiers que nous prenions pour Alexandrie. Notre Pilote voulut ſoutenir le contraire, offroit même ſa tête à couper s'il ſe trompoit. M. le Chevalier de Camilly ne ſe fiant pas tout-à-fait à cet homme, dit à M. de la Vallette de paſſer devant. L'on tira trois coups de Canon de diſtance en diſtance pour avertir le Conſul d'Alexandrie de l'arrivée des Vaiſſeaux. Nous courions toujours la même bordée, parmi les rochers & les bas fonds ſans ſçavoir où nous étions, ni connoître le danger qui nous menaçoit.

Une heure après avoir tiré, nous apperçûmes une Chaloupe qui alloit à bord de M. de la

Valette, pour lui enseigner le moüillage & éviter les écueils. C'étoient des Turcs de la Garde du Château des Bequiers, qui crurent, en entendant tirer de moment à autres, que nous étions prêts à échoüer, & que nous demandions du secours; ils nous montroient avec leurs turbans la route que nous devions tenir. Nous moüillames enfin sans accidents à onze heures du matin par neuf brasses d'eau fond de roches.

Le 30. le Consul vint à bord avec le Drogmant & plusieurs Marchands François établis à Alexandrie, pour traiter des affaires de la Nation; ils dînerent à bord de M. de Camilly; l'après midi nous partimes avec eux pour aller à terre, sur un Bâtiment du pays que l'on nomme Germes. Ces sortes de Bâtimens sont bons voiliers; nous arrivâmes en deux heures au moüillage à Alexandrie, diftance de fept lieuës des Bequiers. En entrant dans le Port tous les Bâtimens faluerent, ainfi que le Château ; nous logeâmes chez M. le Conful, où nous fumes très-bien reçus.

Le lendemain M. de Camilly vint à terre avec beaucoup d'Officiers dont la plufpart logerent chés des Marchands, n'y ayant point affés de place chés le Conful. A l'arrivée de ces Meffieurs, les Vaiffeaux du Port faluerent, & le Château falua à boulets. Il y eut pendant trois jours chés le Conful trois tables très-bien fervies, & l'on peut dire qu'il fit faire bonne chere & traita bien fes nouveaux hôtes. Ce Conful fe nomme M. d'Heffe, homme d'environ 60 ans, qui a époufé depuis peu une des filles du Conful de Chio, agée de 18 ans.

C'eſt une Dame fort aimable dont il eſt, à ce que l'on dit, un peu jaloux ; il n'en donna cependant nulles marques pendant tout notre ſéjour dans cette Ville, peut-être pour s'accommoder au gout François.

Ruines d'A-
lexandrie. Ce même jour après diner, nous fûmes viſiter les ruines de l'ancienne Alexandrie. Pour cet effet, nous montâmes ſur des Aſnes moyennant quatre parats chacun. Nous étions vingt-cinq ou trente hommes à courir dans ces ruines ſur ces ſortes de montures, ſans brides ni étriers, de ſorte qu'il falloit ſe tenir dans l'équilibre ; & ſouvent en cherchant à s'y mettre, l'on tomboit.

Nous fûmes dabord voir cette belle Colonne, dite de Pompée, dont on parle tant. M. de la Condamine la meſura très-exactement, & trouva qu'elle avoit quatre vingt-quatorze pieds

de haut , y compris le pied
d'Eſtal & le chapiteau ; le fut ,
qui eſt tout d'un ſeul bloc , eſt
haut de 70. pieds , & huit pieds
de diametre dans ſa moyenne
épaiſſeur. La baſe & la colonne
ſont poſées ſur une pierre iſolée
de douze pieds en quarré. Le
pied d'Eſtal eſt dégradé tout à
l'entour. Cette Colonne eſt de
ce beau granite tiré des carrie-
res de la haute Egypte.

Elle eſt dans les champs ,
éloignée de l'ancienne Ville
d'environ ſix cent pas. Nous re-
vinmes enſuite dans l'Egliſe de
Ste. Catherine qui appartient
aux Grecs Schiſmatiques, où l'on
nous fit voir la pierre ſur laquelle on prétend que la Ste. eut la
tête tranchée.

Paul Lucas dit avoir vû du
ſang ſur ladite pierre. Nous l'a-
vons examinée de tous ſens ,
meme avec un flambeau, parce

que le lieu eſt un peu obſcur.
Comme c'eſt un bout de colonne de marbre blanc , nous n'y
apperçûmes que quelques petites veines rouges qui ſont fort
communes à ces ſortes de mar-
bres ; ce ſont peut-être ces veines rougeâtres que Paul Lucas
& d'autres ont pris pour être du
ſang de Sainte Catherine , ce
qui doit ſuffire pour déſabuſer un
Lecteur trop crédule ; ce bout
de colonne a environ deux pieds
& demi de haut.

Aiguille de Cleopâtre.

Sortant de ce lieu , nous fûmes voir l'Aiguille dite de
Cleopâtre , qui a ſoixante pieds
de haut , & d'un ſeul bloc , du
même granite que la Colonne
de Pompée. Il y a ſur cet Obe-
liſque pluſieurs caracteres Arabes , des figures d'Oiſeaux , &
d'autres Animaux. Il y en avoit
autrefois quatre comme celle
qui exiſte actuellement , entre
lesquels

lefquels Cleopâtre fe prome-
noit dans fon char. Celles qui
manquent ont été enlevées par
les Turcs & employées à conf-
truire des Mofquées.

L'on ne voit parmi toutes
ces ruines, que Colonnes, Cyternes, Pilaftres & autres monumens qui font voir aujourd'hui
qu'elle étoit autrefois la fplen-
deur de cette grande Ville, qui
après Rome étoit la Capitale du *Situation*
monde. *d'Alexan-*
drie.

Cette Ville eft bâtie dans une
Plaine fur le bord de la Mer,
332. ans avant Jefus-Chrift,
proche un des fept bras du Nil,
que nous nommions l'Embou- *Fondation*
chure de Canope. *de l'Eglife.*

L'Eglife d'Alexandrie fut fondée par St. Marc vers l'an 50
de J. C. La 7e. année de Neron,
& elle a eû le titre de Patriarchat
qu'elle conferve encore. *Chaire de*
Nous vîmes dans une Eglife *Saint Marc.*

K

qui appartient aux Arméniens ; une Membrure de Fauteüil de bois posée sur une pierre de quatre pieds de haut , que l'on dit être la Chaire dans laquelle St. Marc Prêchoit. Les Grecs & les Arméniens le croyent fermement , je le veux bien croire aussi ; mais en tout cas, St. Marc n'étoit pas trop à son aise , si sa Chaire n'étoit pas dans ce tems-là en meilleur état qu'elle est actuellement.

Des Forti-
fications.

La Ville étoit autrefois très-bien fortifiée, ses murailles étoient hautes , flanquées de Tours distantes l'une de l'autre de trois cent pas, dans chacune desquelles est une Salle ronde dont la voûte est soutenuë de Colonnes, où l'on pouvoit mettre environ cent hommes ; au dessus desdites Tours étoit une platte-forme où l'on auroit pû placer encore autant de combattans. Il y a aussi des Embrazures & des Meurtrieres ; quelques-unes de ces Tours subsistent encore.

Le deux nous fûmes voir les Catacombes, où font les sépultures des anciens Egyptiens Ce lieu eft éloigné de l'ancienne Ville d'environ une lieuë. Pour y aller nous nous fervîmes encore de nos mêmes montures, & nous étions environ le même nombre de Cavaliers. Il y avoit avec nous les deux Aumôniers de nos Vaiſſeaux, & deux Capuçins d'Alexandrie qui marchoient à la tête de notre Efcadron.

On defcend dans ces Souterrains par une efpece d'Efcalier, ou du moins on juge par la fituation de l'entrée qu'il y en eût autrefois un. Après avoir defcendu environ vingt pas, on trouve au fond, des Tombeaux taillés dans le Roc de trois pieds de large, fur fix de profondeur; à

Catacombes d'Alexandrie.

K ij

main gauche en entrant on voit
des fouterrains que les eaux ont
comblés , dans lefquels on ne
peut entrer ; au milieu à main
droite nous entrâmes par un trou
fort étroit , où l'on ne peut paffer qu'en fe traînant fur le ventre. Nous defcendîmes donc par
ce trou, dans une grande Salle
d'environ quarante pieds de long
fur douze de large. Des deux
côtés & au fond de ladite Salle
font des Sépulchres tous taillés
dans le Roc de même que ceux
dont je viens de parler. Il y en a
quelques-uns faits différemment.
On entre par un de ces Sépulchres ordinaires , au fond duquel
eft une petite chambre ronde d'environ trente pieds de circuit , tout
au tour de laquelle chambre , &
dans le Roc font des Sépulchres
de mêm e que ceux de la grande
Salle. On prétend que ces lieux ,
ainfi diftribués , étoient deftinés

pour des familles entieres. Il y a dans tous ces Sépulchres beaucoup de fable que l'on employoit à conserver les corps. Ces souterrains ne reçoivent le jour d'aucun endroit, on est obligé d'y porter des bougies, & on assure qu'ils s'étendoient autrefois très-loin, & que ce que nous avons vû n'en étoit que la plus petite partie, parce que les eaux ayant miné dans plusieurs endroits en ont fermé l'entrée.

Après avoir vû ces lieux nous remontâmes sur nos Asnes, & à peine avions-nous fait cent pas, qu'un de nos Capuçins fit la culbutte avec sa monture. Je ne puis dire au juste lequel portoit l'autre dans ce moment; c'étoit au Commandant de notre Escadron à qui ce contretems arriva, qui en fut quitte pour la peur. Il ne fut pas le seul, beaucoup d'autres eurent le même sort.

Le lendemain M. de Camilly retourna à son bord , ainsi que Messieurs les Officiers. Nous restâmes à terre jusqu'au neuf , jour de notre départ.

L'on me fit voir des Fours à Poulets, dans lesquels on met un millier d'œufs & plus pour les faire éclore de même que s'ils avoient été couvés par des Poules. On y maintient le même dégré de chaleur que celle qui vient de la Poule , & au bout du terme ordinaire les œufs éclo-sent. L'on fait sur le champ aver-tir tous les habitans de la Ville, & ceux qui veulent des Poulets viennent en acheter & les nou-rissent chés eux. Ils ne deviennent presque jamais gras & n'ont pas si bon goût que ceux qui ont été couvés par des Poules.

Nous nous embarquâmes le neuf pour nous rendre à bord, M. Pignon Consul du Caire y arriva le même jour , & reçut de M. de Camilly les ordres de la Cour ; le lendemain il s'en retourna avec le Vice-Conful & plufieurs Marchands de cette Ville.

Le onze à quatre heures du matin l'on appareilla,& à fix heures nous étions fous voiles , ce même jour nous eûmes très-peu de vent. Le 12. la hauteur obfervée on trouva 32. degrés 34. minutes latitude Nord ; le 13. nos Pilotes s'étant trompés dans leurs calculs , fe croyoient à 30. lieuës de St. Jean d'Acre , & ayant propofés leurs points, l'on en fit une opération par laquelle on leur fit connoître l'erreur où ils étoient.

Le 14. le vent continua bon frais , & le 15. nous vîmes la terre & reconnûmes le Mont Carmel. A 9. heures nous moüillames entre le Carmel & St. Jean

Mouillage de la Rade de Caïffa.

d'Acre ; à 10 heures la Ville falua, & à deux heures de relevée le Conful vint à notre bord avec plufieurs Marchands , qui après avoir traité des affaires de la Nation, s'en retournerent à terre. Nous ne manquâmes point l'occafion du Bâtiment du Conful & des Marchands ; nous partimes avec eux , le vent étant contraire, nous n'arrivâmes à terre qu'à neuf heures du foir.

M. de la Condamine étant dans le deffein d'aller à Jérufalem , comptoit que nous partirions cette même nuit pour Nazareth , & que nous prefferions notre route le plus qu'il nous feroit poffible ; mais comme il étoit fort tard, ne pouvant avoir des Chevaux , nous fûmes obligés d'attendre jufqu'au lendemain ; il fallut employer l'autorité de l'Aga pour en avoir ; à la fin on en trouva, à neuf heu-

res

res du matin nous partîmes d'A-
cre pour nous rendre à Nazareth,
& on nous donna pour escorte
un Janissaire & deux Fusiliers.

VOYAGE

DE

JERUSALEM

 LE 16. nous partîmes d'Acre pour Nazareth, avec le Pere Hypeau qui s'étoit embarqué fur notre bord à Alexandrie , avec l'efcorte telle que je viens de le décrire ci-devant ; après que nous eûmes marchés environ deux lieuës , nous entrâmes dans une efpece de bois taillis où nous apperçûmes trois Arabes qui venoient à nous, dont deux étoient à cheval armés de lances , & l'autre à pied portant un bâton à fa main ; aufli-tôt que notre Janiffaire le vit , il nous dit de nous tenir fur nos gardes, & que c'étoient des voleurs ; nous prîmes nos piſtolets dans le deſſein de nous bien défendre ſi nous étions attaqués; mais ils paſſerent à côté de nous ſans oſer rien entreprendre.

Sortant de ce taillis , nous entrâmes dans un bois de haute futaye où le danger n'étoit pas moins grand que dans la rencontre que nous venions de faire. NotreGuide nous avertit de marcher le piſtolet à la main, & nous le traverſâmes ſans aucune mauvaiſe rencontre. Il n'y avoit que huit jours que des Villages voiſins de ce lieu étoient en guerre l'un contre l'autre , & venoient camper dans ces environs.

En ſortant de ce bois nous entrâmes dans la Plaine de Ze-bulon qui m'a paru très-fertile.

^{Plaine de Zebulon.}

A une lieuë de ladite Plaine , eſt à main droite ſur la croupe d'une montagne, une Egliſe dé-

^{Egliſe dédiée à Ste Anne & à St Joachim.}

diée à Ste. Anne & à St. Joachim , que Ste. Heleine fit bâtir dans le lieu de leur demeure.
On y voit , quoi-qu'elle soit
presque ruinée , beaucoup de
pierres sculptées , des pilastres ,
des fragmens de colonnes , &
d'autres monumens , qui font
voir que ce bâtiment étoit beau
& grand. Cette Eglise est déser-
vie par un pauvre Prêtre Grec
à qui M. de la Condamine fit
la charité ; en reconnoissance de
ce bienfait , il nous donna des
Pastecques pour nous rafraîchir.

Le Village où est cet Edifice ,
se nomme Saphoris , & contient
sept ou huit ménages. Ayant vû
ce lieu , nous continuâmes notre
route & arrivâmes à Nazareth à
cinq heures du soir.

Nous descendîmes au Cou-
vent des Cordeliers , qui nous
reçurent parfaitement bien. Nous
fûmes ce même jour visiter l'E-

glise & y faire nos stations.

L'on monte au Maître-Autel par deux escaliers ; il est positive-ment sur la route de la Grotte qui servoit d'Oratoire à la Ste. Vierge. Pour arriver à cette Grotte l'on descend 16. marches. Il y a une très-belle Cha-pelle, dont le pavé & les murs sont revêtus de Marbre blanc. A main gauche, en entrant, il y a deux colonnes de granite que Ste. Heleine y a fait dresser, dont l'une est rompuë à deux pieds de terre, & soutenuë en l'air par la voûte ; elle marque le lieu où l'Ange étoit quand il annonça le Mystere de l'Incarnation à la Ste. Vierge, & l'autre, celui où la Ste. étoit quand elle reçut ce St. Message. On prétend qu'en ce lieu étoit la Maison de la Vierge qui a été transportée par les An-ges à Lorette en Italie, & on a rebâti sur les anciens fondemens.

La visite de l'Eglise & du Couvent étant faite, nous soupâmes au Réfectoire avec les Peres, qui nous firent très-bonne chere. Après souper M. Isnard Procureur de Terre Ste. vint au Couvent nous avertir que nous ne pouvions aller à Jerusalem habillés à la Françoise, & qu'il falloit absolument nous travestir en Arabes ; pour cet effet il nous fit prêter des habits. Nous quittâmes les nôtres pour prendre ceux-ci ; & quand nous fûmes tous trois déguisés de la sorte, nous ne pûmes nous dispenser de rire voyant une telle mascarade ; le Pere Hypeau avec sa vénérable barbe remplie de tabac, & son teint bazanné auroit disputé la gloire au plus salle Arabe pour la malpropreté. Il avoit un Turban ; je n'ose pas dire blanc, parce qu'il étoit des plus salles, & une calote rouge

remplie de graiſſe & de ſueur ;
M. de la Condamine & moi,
nous avions des Turbans noirs,
& nos habits qui conſiſtoient en
Caffetans ou veſtes longues, &
manteaux de poils de Chameaux,
étoient équivallants à ceux du
Révérend Pere. On ne voulut
pas nous permettre de porter ni
épées ni piſtolets, diſant que ſi
nous étions arrêtés avec des armes, & reconnus pour Francs,
les Arabes ne nous donneroient
aucun quartier.

Dans cet équipage, nous par- Départ de
tîmes de Nazareth à dix heures Nazareth.
du ſoir, avec une eſcorte de
cinq hommes armés de fuſils &
de lances, & un Guide qui parloit fort mal Italien. Il falloit
garder un profond ſilence crainte d'être découverts en paſſant
proche les Villages. Le bon
Pere Hypeau qui avoit été bien
étrillé dans ſon premier Voyage

L iiij

de Jérufalem , nous racontoit tout bas fes avantures , & appréhendoit dans ce voyage qu'on ne renouvellat les anciennes coutumes. Nous étions obligés de marcher comme des Contre-bandiers & de garder un filence perpétuel. Heureufement pour nous nous n'avions aucunes femme à notre fuite.

Les Précipices.

A onze heures nous paffâmes proche les précipices , c'eft-à-dire, le lieu où les Juifs voulurent précipiter Jefus-Chrift qui leur difparut.

Ce font des Montagnes fort efcarpées , entre lefquelles eft un chemin creux & des petits rochers qui fe terminent en pointes des deux côtés dudit chemin.

A minuit nous mîmes pieds à terre au milieu des champs , où nous dormîmes jufqu'à une heure que nous remontâmes à cheval & continuâmes notre rou-

te jufqu'à neuf heures du matin
que nous nous arrêtâmes fous des
Oliviers proche un Village, où
les gens de notre efcorte porte-
rent une Lettre dont ils s'étoient
chargés pour l'Aga de ce lieu ;
en les attendant nous déjeunâ-
mes fous des Oliviers , avec des
œufs dures que nous avions ap-
portés de Nazareth; auffi-tôt que
nos gens furent revenus nous
partîmes , & arrivâmes à Napelouze, qui étoit autrefois Samarie,
à onze heures du matin.

Nous fûmes conduits chés
l'Aga qui nous fit donner une
chambre à côté de la Salle du
Divan , & nous envoya des Paftecques , du Pain & du Raifin
pour diner. Comme M. de la
Condamine vouloit partir ce
même jour pour Jérufalem , il fit
dire à l'Aga , de nous fournir
une autre efcorte , parce qu'il
n'étoit pas permis aux gens qui

nous avoient amenés de Nazareth , de paſſer outre. L'Aga répondit qu'il ne le pouvoit faire
ſaus nous expoſer beaucoup ,
parce qu'il étoit en guerre avec
des Villages proche leſquels il
falloit paſſer , & qu'il nous con-
ſeilloit d'attendre une Caravane.
Cette propoſition ne convenoit
point du tout à M. de la Condamine. Notre ſûreté n'étoit point
ſon but, c'étoit un Sequin par
tête qu'il demandoit pour ſon
droit de Caffare , * & même il
le fit propoſer par notre Guide ;
M. de la Condamine lui dit
qu'il avoit laiſſé tout ſon argent
au Procureur de Terre Ste. avec
lequel il avoit relation ; que s'il
lui étoit dû quelques droits ils
lui ſeroient payés ; que ſi au contraire il ne nous procuroit pas
les moyens de continuer notre
route , nous retournerions à Na-

* Caffare eſt ce que nous appellons Peage.

zareth. Voyant échouer en partie ſes prétentions, il nous dit d'attendre juſqu'au lendemain, qu'il partiroit une Caravane, & que nous la ſuiverions. Il fallut en paſſer par là, ne pouvant faire autrement ; nous demandâmes à voir la Ville ; on ordonna ſur le champ à un Janiſſaire de nous y accompagner.

L'on nous mena à une très-belle Fontaine qui fournit de l'eau dans tous les quartiers de la Ville. On y deſcend par douze marches, pour arriver dans un quarré d'environ 45. pieds ; au milieu eſt la ſource qui a quatre pieds de circonférence. Ce grand quarré, eſt une eſpece de Grotte très-bien voûtée, & qui paroît fort ancienne. Il y a des Acqueducs qui conduiſent l'eau, ainſi que je l'ai dit, dans tous les quartiers.

Fontaine de Napelouze.

Cette Ville eſt ſituée ſur la

Deſcription de la Ville de Napelouze.

pente d'une montagne , & du côté le plus Sud , font des four-ces d'eau vive qui fortent des montagnes & des rochers , & forment un ruiffeau qui fuit la pente de la montagne depuis un bout de la Ville jufqu'à l'autre. Comme il y a beaucoup de Jardins , on fe fert de ces eaux pour les arrofer , moyennant une faignée que l'on fait audit ruif-feau ; il n'y a rien autre chofe dans certe Ville capable d'attirer l'attention d'un Voyageur.

Maniere de fervir chez les Turcs.

Une heure après notre retour à la maifon de l'Aga , étant heu-re de fouper , je vis un Négre qui dans la Salle du Divan , à côté de la chambre où nous étions, étendit par terre une Nape ronde affez mal propre , & fe mit au milieu pieds nuds. Sur cette table fi ragoutante , on fervit vingt-fix plats dont fix étoient repetés par quatre , que ce Négre arrangea

à sa fantaisie ; la table étant garnie, excepté l'endroit que le Maître d'Hôtel occupoit, il sauta
legerement par dessus les plats,
& mit au milieu un grand plat
de Ris, que les Turcs nomment
Peleau, & devant l'Aga un quarré de Mouton roti. Tous les
ragoûts consistoient en Viande
hachée & mise en bole, de la
grosseur d'une pomme de Rai-
nette : Il y avoit aussi des Me-
rinjeannes fricassées avec de très-
mauvaise Huile ; ce sont des
racines très-communes en Pro-
vence, des œufs fricassés avec
de la Mantegue, qui est une
espéce de beurre composé de tout
ce qu'il y a de plus mauvais, &
d'autres ragoûts que nous ne
connoissons pas. Quand on eut
servi, on vint de la part de l'Aga
nous inviter de souper avec lui;
nous l'acceptâmes, & tous trois
nous nous mîmes à table avec

plusieurs conviés, ainsi que les
gens de notre escorte & notre
guide ; nous étions quinze à table, il n'y avoit ni assietes , ni
fourchettes , pas même de ser-
viettes , mais seulement deux
cuillieres de buits à manche
long qui n'étoient d'aucune utilité.

On nous servit sur notre pain,
qui étoit une espéce de galette
mal cuite , quelques poignées de
Peleau. M. de la Condamine
voyant que l'on servoit avec tant
de propreté , perdit l'apetit dans
le moment. Je ne fis pas de même , je goûtai de tous les ragoûts
que je trouvai fort mauvais ; &
ne voulant point sortir de table
sans avoir soupé , je pris le quarré de Mouton , qui étoit devant
l'Aga , duquel j'arrachai deux
côtelettes, en quoi consista tout
mon souper.

Comme les Turcs ne boivent

point en prenant leurs repas, ils rioient de ce que je demandois à boire. On m'apporta de l'eau dans une petite cruche de terre, dans laquelle tout le monde buvoit ; & sans verres ni taſſes il falloit boire dans ce vaze, où l'on avoit peut-être trempé plus de cinquante mouſtaches.

Je ſouffris beaucoup pendant ce repas, n'étant pas accoutumé d'être aſſis par terre, les jambes croiſées ; je me tournois tantôt d'un côté, tantôt d'un autre, allongeant mes jambes chacune à leur tour ; en un mot, je faiſois triſte figure. Après que l'Aga & nous, fûmes levés de table, d'autres reprirent la place ; ainſi depuis le premier domeſtique juſqu'au dernier, chacun avoit ſon tour pour manger, & tous à la même table. L'on ne deſſervit qu'après que tout le monde eut ſoupé. En ſortant de

table chacun fe lavoit les mains,
& je crois que n'ayant point d'autres fourchettes , ils devroient
auffi les laver avant les repas.
Après toutes ces cérémonies ,
on nous donna du Caffé, des
Pipes & du Tabac pour fumer.
Toutes ces fonctions étant remplies, nous nous retirâmes dans
notre appartement , dont le tapis
de pieds étoit des nattes , lefquelles nous fervirent de lits &
de matelats.

Le lendemain, il arriva compagnie chés l'Aga , il nous fit
dire d'ôter notre équipage de
la chambre que nous occupions,
& de le faire porter chés fon
frere , où l'on nous donneroit un
autre appartement , parce qu'il
avoit befoin de celui-là pour loger fes nouveaux hôtes.

Nous fûmes donc loger chés
fon frere où nous reftâmes jufqu'à midi ; on nous envoya des
Paftecques

Pastecques & du Raisin pour dîner. A une heure, on vint nous dire de nous disposer à partir pour aller joindre une Caravane qui s'assembloit à un Village nommé Beyta, distant de Napelouze d'environ cinq lieuës.

Nous partîmes à deux heures de relevée, & à environ 600 pas de la Ville, nous passâmes proche le Puits de Jacob qui est actuellement comblé. Il paroît qu'il y a eu proche ce lieu un très-beau bâtiment, d'autant plus que l'on y voit encore des Pilastres, des Fragmems de colonnes & des pends de murs qui formoient un grand circuit.

Départ de Napelouze.

Puits de Jacob.

Le Puits est sur la gauche du chemin en allant de Napelouze à Jérusalem, environ deux cens pas dans les terres.

Nous continuâmes notre route & arrivâmes à Beyta à six heu- du soir. Il y avoit déja une par-

tie de la Caravane au rendez-
vous ; nous mîmes pieds à terre
fous des Oliviers dans les champs
proche ce Village , en attendant
le Conducteur de cette Caravane
qui n'étoit pas encore arrivé , &
auquel nous étions recommandés
par l'Aga de Napelouze.

De notre
réception à
Beyta.

Dès qu'il parut , il nous mena
chés lui , ayant dans ce lieu une
femme & une maifon , quoiqu'il
en eut autant à Napelouze ; il fit
mettre nos chevaux dans fa cour ,
au fond de laquelle étoit une
petite Cabane couverte de feüil-
lages & de branches feches , qui
étoit un de fes plus beaux appar-
temens. Il y fit mettre un tapis
& nous y logea ; il nous donna
à fouper du mieux qu'il lui fut
poffible , & nous fit l'honneur de
fouper avec nous. On nous fervit d'abord une Paftecque , qui
eft le mêts le plus exquis des
Arabes ; ce font des efpéces de

Melons d'eau, dont la chair eft rouge, & qui font véritablement bons ; enfuite on nous fervit des œufs fricaffés avec de la mantegue , & pour deffert des Figues & du Raifin. Après avoir foupé il prit congé de nous, & fe retira avec fa femme que nous n'eûmes pas l'honneur de voir ; il nous laiffa dans notre Cabane qui étoit un vrai magazin à Puces ; il y en avoit en fi grande quantité qu'il ne nous fut pas poffible d'y dormir un quart-d'heure , nous fûmes contraints, après un combat des plus opiniâtres, de ceder aux Puces le champ de bataille & de nous promener toute la nuit dans la cour. * A onze heures nous frapâmes à la porte de notre Hôte pour l'éveiller ; il fe leva, & regardant aux Etoiles ,

* Si les Diables occupent les corps de ces animaux , que de tentations , que de foibleffes, puifque nous fuccombâmes à leurs efforts.

il s'apperçut qu'il n'étoit pas encore l'heure qu'il s'étoit propofé de partir ; il vouloit encore différer une heure ou deux ; mais nous lui remontrâmes qu'avant que les Chameaux foient chargés il feroit fort tard, & qu'il étoit dès-lors l'heure qu'il avoit dit la veille. Il fe rendit à nos remontrances , & fut dire aux Caravaneurs de fe difpofer à partir.

Départ de Beyta.

Nous nous joignîmes à la Caravane qui fut environ une heure à charger les Chameaux. A minuit nous partîmes , notre Guide nous fit prendre un chemin de traverfe pour joindre la tête de la Caravane. Comme les Chameaux vont fort lentement, & que nos Chevaux alloient beaucoup plus vîte , nous prenions toujours le devant pour profiter du fommeil que les Puces nous avoient ravi.

Nombre de la Caravane.

La Caravane étoit compofée

de trois cens Chameaux & Dro-
madaires,& de cent dix Mules ou
Bouriques. Nous étions environ
quarante Cavaliers & une cen-
taine d'hommes à pieds. A la
tête de la Caravane marchoit un
gros Chameau , portant sur son
dos un Pavillon bleüe & blanc
avec quelques rayes rouges , ce
qui est ordinaire à toutes les Ca-
ravanes. Tous les hommes tant
à pied qu'à cheval étoient armés de Fusils, Pistolets, Lances,
Sabres, Canjars , & Bâtons, ce
qui n'empêcha pas que nous
n'ayons été arrêtés à deux lieües
de Jérusalem , proche un Village nommé Rama , où tous les
Francs doivent , selon les gens
du pays , payer le Caffare.

Il se trouva proche ce lieu un
homme & un enfant d'environ
16. ans , auxquels on dit appa-
ramment que nous étions Francs,
& qu'ils étoient en droit de nous

faire payer ce tribut. Nous étions
pour lors environ vingt Cavaliers
marchant un quart de lieuë devant la Caravane ; ces deux co-
quins se voyant, pour ainsi dire,
dans l'impossibilité de nous rejoindre, battirent un Prêtre Grec
pour avoir son cheval ; & l'ayant
fait descendre, l'homme monta
dessus & courut après nous , le
petit garçon le suivoit à pied
Aussi-tôt qu'ils nous eurent joints,
celui qui étoit à cheval, mit pied
à terre, & ne se trompa point,
quoique nous fussions habillés
comme eux , soit qu'on les eut
instruits de nos chevaux ou autrement, ils nous dirent d'arrêter, & de retourner sur nos pas.
Etant dans la bonne foy , je ne
faisois nulles attentions aux dis-
cours de cet homme que j'avois
vû courir après nous. Aussi-tôt
qu'il s'approcha de moi, il m'y
fit penser sérieusement en vou-

lant me diftribuer des coups de bâtons : je voulus mettre pied à terre pour prendre ce miférable à partie ; mais notre Religieux qui étoit mieux au fait que moi de pareille recette, me confeilla de ne rien dire, parce que fi je maltraitois cet homme, ajouta-t'il, d'un feul cri qu'il feroit, il en viendroit plus de trois cens, & que nous ferions maffacrés ; que d'ailleurs, quand même les chofes ne feroient pas ainfi, cela pourroit caufer une avanie aux Peres de Terre Ste.

Pendant que toutes ces chofes fe paffoient à mon égard, le petit garçon courut après M. de la Condamine qui étoit environ cent pas devant nous ; comme il lifoit, il ne s'apperçut pas de ce qui fe paffoit, & fut fort furpris de voir ce petit miférable tenant une pierre de chaque main, lui faire figne de retourner, ou qu'il le jetteroit à bas à coups de pierres. On lui fit les mêmes remontrances qu'à moi & nous retournâmes environ vingt pas. Le Conducteur de la Caravane , qui étoit peut-être complice du fait, arriva,&contrefaisant l'étonné , il demanda de quoi il étoit queſtion ; il nous dit après être informé du fait , qu'il n'étoit pas en ſon pouvoir d'empêcher ces hommes de nous emmener ſi nous ne leurs payions trois Piaſtres pour le Caffare. M. de la Condamine lui dit qu'il n'avoit point d'argent , & que ſi quelqu'un vouloit les payer qu'il leur en tiendroit compte. Le fils d'un Cheque Arabes qui étoit avec nous , s'offrit pour caution, & laiſſa pour gage ſon Canjar ; nous fûmes ainſi délivrés des mains de nos prétendus créanciers ; nous continuâmes notre route & arrivâmes ce même

me

me jour 20. Août à Jérusalem, à deux heures après midi.

Nous mîmes pieds à terre à la porte de Damas, où nous fîmes notre priere, pendant que le Pere Hypeau & notre Guide furent au Couvent avertir les Peres de notre arrivée ; pendant que nous étions à genoux à la porte de cette Sainte Cité, les Janissaires de la Garde se mocquoient de nous voir prier à la porte de leur Ville. Au bout de trois quarts d'heures le Drogment du Couvent, avec deux Janissaires vinrent accompagnés d'un Pere pour nous faire entrer, & conduire au Couvent des Cordeliers dit Saint Sauveur.

Il est défendu à aucuns Pellerins d'entrer dans Jérusalem sans en donner auparavant avis à l'Aga, autrement les Turcs feroient une avanie terrible aux Peres. Une heure après notre

De notre arrivée à Jerusalem.

N

arrivée , nous fûmes viſiter le
S. Sépulchre ; ce ſont les Turcs
qui en ont les clefs , & les Francs
qui y entrent pour la premiere
fois payent vingt-quatre Piaſtres
* & demie par tête ; enſuite ils
peuvent y entrer quand bon leur
ſemble , moyennant un Medain
qu'ils ſont tenus de donner au
Turc qui garde la porte.

De ce qu'on paye pour l'entrée du S.Sépulchre.

DESCRIPTION DU S. SE'PULCHRE DE JERUSALEM.

L'Egliſe eſt fort vaſte, & ne
reçoit du jour que par le haut
du Dôme , dont l'ouverture eſt
fermée par un fil d'archal ; au
deſſous dudit Dôme eſt le Saint
Sépulchre.

Avant que d'entrer dans ce
Saint Lieu, nous ôtâmes nos
bottines , & nous y entrâmes
pieds nuds. On paſſe pour y
entrer par un lieu relevé d'un

___
* Une Piaſtre vaut 3 liv. 6 ſ. de France

pied du pavé, où il y a de chaque côté un relais de marbre blanc d'environ un pied & demi de haut, ou s'affoient les Religieux affistans quand on célèbre la Meffe dans le Saint Sépulchre, où il n'y a que les Latins qui y puiffent célebrer.

De là on paffe dans la Chapelle de l'Ange, ainfi dite, parce qu'en ce lieu l'Ange annonça aux trois Maries la Réfurrection de Jefus-Chrift. Il y a dans cette Chapelle un Autel, & 18. Lampes : au fond eft la porte du S. Sépulchre, devant laquelle eft un relais de pierre taillé dans le roc d'environ un pied & demi de haut, qui fervoit d'appui à la pierre qui fermoit l'entrée du S. Sépulchre. L'Ange étoit affis fur ce relais, quand les trois Maries vinrent pour chercher le Corps de Jefus. Nous entrâmes enfuite dans ce S.

Lieu, dont la porte a trois pieds de haut & deux de large; cette Chapelle est si petite que quatre personnes ont peine à s'y tenir à genoux quand le Prêtre est à l'Autel. A main droite en entrant est le lieu sur lequel le Corps de Jesus-Christ fut mis , & non pas dans un Tombeau comme beaucoup de monde s'imaginent. C'étoit une Grotte taillée dans le roc , dans laquelle étoit une Table du même roc , sur laquelle on étendoit les corps , & on en fermoit l'entrée avec une grosse pierre qui étoit soutenuë en dehors par ce relais dont je viens de parler. Il y a dans cette Chapelle quarante-sept Lampes , toutes envoyées par les Empereurs , Roys de France , d'Espagne & de Portugal , entr'autres une d'or, qui est fort belle. Tout ce lieu est revêtu de marbre blanc , & en-

touré par dehors de dix colonnes de marbre de même couleur.

Il eſt couvert d'une platte
forme, au milieu de laquelle
eſt un petit Dôme d'environ ſix
pieds de haut, couvert de Plomb,
ſoutenu de douze colonnes couleur de Porphire, poſées de
deux en deux, formant ainſi ſix
Arcades ſous chacunes deſquel-
les ſont ſuſpenduës trois Lampes.

Le Chœur de l'Egliſe appartient aux Grecs, il eſt entourré de
gros pilliers ; la nef en eſt ronde, & dans ledit Chœur eſt un
très-grand Chandelier qui a été
donné pour la Chapelle du S.
Sépulchre par un Duc de Moſcovie, ſur lequel on peut mettre 64. Cierges ; n'ayant pû
tenir dans ladite Chapelle, on
l'a mis dans le Chœur de l'Egliſe.
Thevenot dit que deſſous eſt
une pierre dans le pavé où il

Du Chœur de l'Egliſe du S. Sépulchre.

Voyage de Thevenot.

y a un petit trou , que les Orientaux difent être le milieu du Monde, parce qu'il eft dit dans la Sainte Ecriture *Dus in medio terræ operatus eft falutem mundi.* S'il eft vrai , le Pere qui nous conduifoit, n'en avoit nulle connoiffance, & nous n'y en avons point vû.

Après avoir vifité le S. Sépulchre & le Chœur de l'Eglife, nous vifitâmes toutes les Chapelles que l'on a bâti dans les lieux où fe font paffés les principaux Myfteres de notre Religion.

Nous commençâmes par la Chapelle de l'Apparition , où les Latins font ordinairement le Service ; elle eft ainfi nommée, parce que ce fut en ce lieu que J. C. apparut à fa Sainte Mere après fa Réfurrection ; il y a dans cette Chapelle trois Autels de face , dont celui du mi-

lieu eſt dédié à la Ste Vierge ;
celui qui eſt à gauche, à l'honneur de la Ste Croix de Notre-Seigneur ; celui qui eſt à droite,
eſt dédié à l'honneur de la Colonne de la Flagellation ; proche cet Autel, eſt dans une
fenêtre priſe dans la muraille &
fermée d'une grille de fer, un
morceau de la Colonne où J.C.
fut attaché quand on le flagella
au Palais de Pilate ; l'on ne peut
y toucher avec la main, l'on ſe
ſert d'une canne pour y faire
toucher les ſanctuaires ; ce bout
de colonne a environ deux
pieds & demi de haut ; & derriere
ladite Chapelle eſt le logement
des Religieux.

Sortant de ce Lieu, après
avoir deſcendu trois marches,
on trouve devant la porte deux
pierres rondes dans le pavé ; l'une marque le lieu où Jeſus-Chriſt étoit quand il apparut à la

Magdelaine , & se nomme la pierre de *noli me tangere* , & l'autre marque le lieu où étoit la Magdelaine. On trouve à main gauche , & vis-à-vis ces pierres , une petite Chapelle prise dans le mur , que l'on nomme Chapelle de la Magdelaine , qui n'est point fermée d'une balustrade , comme le dit Thevenot.

Chapelle de la Prison de J. C.

Nous vinmes ensuite à la Chapelle de la Prison de Jesus-Christ , ainsi dite, parce qu'en ce lieu on enferma Jesus-Christ pendant qu'on creusoit le trou pour planter sa Croix.

Chapelle du titre de la Ste Croix.

A côté de cette Chapelle est celle du titre de la Sainte Croix, qui est fort obscure. On dit que le titre de la Croix de Notre-Seigneur s'est conservé long-tems dans ce lieu.

Chapelle de la division.

La Chapelle suivante est celle de la division des vêtemens ;

DU LEVANT. 153

ainsi nommée, parce que ce fut
en ce lieu que les Soldats jouë-
rent au sort les Habits de Jesus-
Christ, qu'ils diviserent entr'eux.

Nous descendîmes ensuite
par un escalier de vingt-huit
marches, pour arriver dans la
Chapelle de Ste Heleine, qui *Chapelle de*
est très-belle, dont le dome est *Ste Heleine.*
soutenu de quatre colonnes de
marbre blanc; & de cette Chapelle l'on descend treize marches taillées dans le roc du Mont
Calvaire, pour arriver à la
Chapelle de l'Invention de la *Chapelle de*
Ste Croix. Ce Lieu étoit autre- *l'Invention*
fois un trou, où l'on jettoit *de la Sainte*
ceux que l'on faisoit mourir sur *Croix.*
le Calvaire; le Prophete Jere-
mie le nommoit *Vallis cadave-*
rum. En ce Lieu se voit la
fente du rocher qui se fit quand
Jesus-Christ rendit l'ame.

Après avoir fait nos stations *Chapelle de*
dans ces Chapelles, nous vin- *l'impropere.*

mes à celle de l'Impropere, qui eſt fermée d'une grille de fer ; c'eſt dans cette Chapelle que ſe voit la Colonne de l'Impropere ; ainſi dite, parce que les Soldats firent aſſeoir J. C. ſur ce bout de colonne dans le Prétoire de Pilate, après l'avoir flagellé & couronné d'épines ; cette Chapelle eſt aux Arméniens & non pas aux Abiſſins, comme le dit Thevenot, quoiqu'elle pouvoit appartenir à ces derniers du tems qu'il a fait ſes Voyages.

Eſcalier du Calvaire. Nous fûmes enſuite conduits au bas d'un eſcalier, dont les premieres marches ſont de bois & les autres taillées dans le roc ; nous quittâmes nos bottines pour monter cet eſcalier qui conduit au Mont Calvaire, où l'on arrive après avoir monté vingt-ſix marches ; il y a ſur ſa platte forme deux Chapelles qui ſont ſéparées par deux pilliers qui foutiennent la voute ; ces Lieu du Cal-vaire. Chapelles font pavées de marbre de différentes couleurs. En entrant à main gauche, eft une Chapelle dans le lieu où fut plantée la Croix de J. C. Il y a un entablement de marbre en forme d'Autel, long de dix pieds & large de fix, au milieu duquel eft le trou de la Croix. Ce trou eft rond, & a un pied huit pouces de diamettre & deux pieds de profondeur, il eft en-richi d'une plaque d'argent en façon de Soleil ; l'on voit auffi les trous où étoient plantées les Croix du bon & mauvais Larron; les trois Croix n'étoient point en lignes droites, mais en trian-gle ; entre le trou où fut plan-tée la Croix de J. C. & celle du mauvais Larron, fe voit la fente du rocher qui fe fit de la largeur d'un pied.

L'autre Chapelle fe nomme

la Chapelle du crucifiement, parce qu'en ce lieu on mit la Croix par terre pour cloüer Jesus-Christ, puis on le transporta au lieu où étoit fait le trou, qui en étoit éloigné d'environ sept pas ; ce fut là où notre Rédempteur versa son précieux Sang pour nos péchés.

Proche ce lieu est une petite Chapelle, dans l'endroit où l'on dit que la Ste. Vierge & St. Jean étoient pendant qu'on crucifioit Jesus, cette Chapelle a son entrée par dehors de l'Eglise.

Chapelle de Notre-Dame de Pitié.

Après être descendus du Calvaire, nous fûmes à la Chapelle de Notre-Dame de Pitié, où font les Sépultures de Godefroy de Boüillon & de Baldoüin son frere, Roys de Jérusalem. Celle de Godefroy est à droite en entrant & est faite en dos d'asne, soutenuë de quatre pilliers &

porte cette Epitaphe gravée fur le marbre en lettres Gothiques. *Hic jacet Inclitus Dux Godefridus de Boüillon, qui totam terram iftam acquifivit cultui Chriftiano, cujus anima regnet cum Chrifto. Amen.*

Epitaphe de Godefroy de Boüillon.

Celle de Baldoüin eft à gauche & foutenuë de la même façon que celle de Godefroy avec cette Epitaphe. *Rex Baldavinus, Judas alter Machabeus, fpes patriæ, vigor Ecclefiæ, virtus utrius, quem formidabant, cui dona tributa ferebant, cedor & Ægiptus donec homicida Damafcus prodolor ? in medio clauditur hoc tumulo.* Au fond de cette Chapelle fe voit un grand Tombeau de porphire que l'on dit être celui du Prophete Melchifedech ; derriere l'Autel de cette Chapelle, & audeffous du lieu où fut plantée la Croix, fe voit la fente du rocher où l'on dit que le crasne d'Adam se trouva, d'où le Calvaire prit le nom de Golgotha, qui en hebreux signifie crasne. On assure qu'en ce lieu la Sainte Vierge prit le Corps de Jesus-Christ entre ses bras, quand on le descendit de la Croix ; c'est ce qui a donné à cette Chapelle le nom de Notre-Dame de Pitié.

A gauche de la porte de ladite Chapelle, sont les quatre Sépultures des enfans de Baldoüin, toutes de marbre blanc, sur l'une desquelles on lit cette Epitaphe: *Septimus in tumulo puer isto rex tumulatus est Balduvinus Regum de sanguine natus quem tulit emundo sors primæ conditionis & paradisiacæ loca possideat regionis.* On ne peut lire le reste, parce que les Turcs ont pris plaisir de gâter ces Tombeaux comme pour abolir la mémoire des Roys Francs.

Proche ce lieu eſt la pierre
d'Onction, ſur laquelle Joſeph
d'Arimathie oignit le Corps de
Jeſus, après qu'il fut deſcendu
de la Croix, cette pierre a environ ſept pieds de long & trois
de large, elle eſt enchaſſée de
marbre blanc, parce que les
Pellerins en rompoient toujours
quelques morçeaux ; elle eſt auſſi
couverte d'une grille de fer,
& ornée de petites pierres de
différentes couleurs, pour qu'on
ne marche pas ſur les bords,
n'étant relevée du pavé que de
dix pouces ; devant ce lieu eſt
un eſcalier qui conduit à l'Egliſe
des Arméniens où ſont les Sépultures de Nicodeme & de Joſeph d'Arimathie, devant cha--
cune eſt ſuſpenduë une Lampe.

Dans l'enceinte de cette Egliſe les Religieux Latins ont un
logement, où les Peres qui ſont

dedans reſtent trois mois , au bout duquel tems d'autres reprennent la place , & y reſtent autant, & chacun à leur tour vont paſſer trois mois dans le Saint Sépulchre. Les Grecs & les Arméniens y ont auſſi un pareil logement par quartier.

Sortant de ce Saint lieu, nous fûmes à la Maiſon d'Anne, où il y a dans la cour un Olivier que l'on prétend être un rejeton de celui auquel Jeſus - Chriſt fut attaché en attendant le jugement de ce Pontif. Les Arméniens ont une Egliſe dans ce lieu.

Nous fûmes enſuite au Mont Sion à la Maiſon de Caïphe qui appartient auſſi aux Arméniens; ils y ont une Egliſe, & derriere l'Autel eſt la pierre ſur laquelle le Corps de J. C. fut mis dans le S. Sépulchre , elle a environ

Maiſon
d'Anne.

Maiſon de
Caïphe.

fix

fix pieds & demi de long , trois
de large & un d'épaiſſeur , elle
eſt enduite de plâtre , crainte que
les Pellerins ne la caſſent pour
en emporter quelques morçeaux ;
à main droite en entrant dans
la cour, eſt la priſon où J. C. fut
mis après avoir été interrogé,
pendant que Caïphe conſultoit
avec les autres ce qu'ils feroient
de Jeſus.

En retournant au Couvent,
nous entrâmes dans l'Egliſe de
S. Jacques qui appartient aux
Arméniens , qui eſt très-belle
& bien ornée ; à main gauche
eſt la Chapelle où S. Jacques
le Mineur fut décapité par l'ordre d'Herode Agrippa. La porte
de cette Chapelle , ainſi que toutes les autres ſont garnies de na-
cre de perles. Le Chœur eſt fermé
d'une grille de fer très-bien travaillée . Il y a dans cette Egliſe
quantité de lampes dont les cor-

Egliſe de S.
Jacques.

O

dages font ornés de quantité d'œufs d'Autruches. Dans cette même Eglife eſt un morceau de la vraye Croix.

Sortant de ce lieu nous nous rendîmes au Couvent, où nous foupâmes au Réfectoire avec les Peres.

Le lendemain vingt-un , un Frere nous éveilla à quatre heures du matin , & nous dit que les Chevaux étoient prêts pour notre voyage de Bethléem. A cinq heures nous montâmes à cheval à la porte de Jaffa où nos Chevaux nous attendoient, n'étant pas permis aux Chrétiens d'aller à cheval dans Jéruſalem. Les Arabes les jetteroient à bas à coups de pierres, difant qu'il ne convient point aux chiens d'aller à cheval , & qu'ils font faits pour aller à pied. C'eſt l'épithete dont ils décorent le nom de Chrétien.

Nous paſſâmes proche la Piſ- Piſcine de
cine de Betſabée, qui eſt le mê- Betſabée.
me réſervoir où elle ſe baignoit
quand David en devint amou-
reux.

Ayant paſſé cette Piſcine à
environ une demie lieuë ſur la
gauche, on voit un petit Village Bourg de
que l'on nomme Bourg de Mau- Mauvais
vais Conſeil, parce que ce fut Conſeil.
en ce lieu où les Juifs tinrent
conſeil entr'eux, & où il fut décidé que l'on feroit mourir Jeſus.

Sur la droite, à cent pas du
chemin, eſt un Olivier qui a
été planté à l'endroit où étoit
l'arbre de Terrebentine qui ſe
courba pour faire plus d'ombra-
ge à la Sainte Vierge qui ſe repo-
ſoit deſſous.

Continuant notre route, nous
trouvâmes au milieu dudit chemin le Puits proche lequel les
Mages étoient quand l'Etoile Puits des
leur apparut, après l'avoir per- Mages.

duë en entrant dans Jérusalem.

Un quart de lieuë plus loin, se voit à droite la Maison dans laquelle étoit le Prophéte Habacuc, quand l'Ange le prit par les cheveux & le transporta à Babilone pour donner à manger à Daniel dans la fosse aux Lions.

A main gauche, & proche le chemin, est un Monastere Grec, dédié au Prophéte Elie, & au milieu dudit chemin on voit l'empreinte d'un corps sur le roc ; on prétend que c'est celle du Prophéte Elie qui se couchoit sur cette roche.

En continuant sa route on trouve sur la gauche du chemin, le Champ des Pois, ainsi dit par les gens du pays, parce que la Ste Vierge venant de Jérusalem à Bethléem, trouva un homme qui semoit des Pois dans ce Champ, auquel ayant demandé ce qu'il semoit, il ré-

pondit que c'étoient des pierres.
Les pois crurent à l'ordinaire
& dans les cocques on n'y trouva que des pierres , retenant
seulement la forme de pois ;
nous en avons ramassés qui ont
véritablement cette figure.

A environ cinq-cens pas plus
loin, à main droite, sur le bord
du chemin, étoit la Maison du
Patriarche Jacob, dont on ne
voit que fort peu de ruines; on
prendroit même ce lieu pour
une carriere , s'il ne subsistoient
encore quelques pends de murs.

A un quart de lieuë delà , se
voit la Sépulture de la belle
Rachel, travaillée, selon Thevenot & beaucoup d'autres, dans
la voûte d'un rocher si dur, qu'il
émousse le fer & l'acier le plus
pur ; il paroît être aussi neuf, que
s'il y avoit peu de tems qu'il fût
fait ; ce lieu sert de Mosquée
aux Turcs.

Maison du Patriarche Jacob.

Sépulture de Rachel.

O iij

A un demi quart de lieuë de
Bethléem, est le Puits de David
qui a trois bouches,& éloigné du
chemin, sur la gauche, d'environ
cinquante pas. Ce Puits est ainsi
nommé, parce que David ayant
eu envie de boire de l'eau de
ce Puits, dans le tems que Saül
étoit campé dans ce lieu, trois
de ses serviteurs bien zélés tra-
verserent l'armée de Saül, furent
puiser de l'eau dans ledit Puits.
Quand David reçût cette eau, il
la versa, & n'en voulut point
boire, disant,qu'il boiroit le sang
de ceux qui s'étoient exposés
pour satisfaire sa convoitise.

A huit heures du matin nous
arrivâmes à Bethléem, (qui n'est
éloigné de Jérusalem que de
deux lieuës) nous fûmes très-bien
reçus par les Religieux qui sont
aussi Cordeliers. Après avoir en-
tendu la Sainte. Messe nous visi-
tâmes l'Eglise & tous les Saints.

Lieux de l'endroit, & des environs, ainſi que je dirai dans peu.

Bethléem étoit autrefois une DeBethléem Ville de la Tribu de Juda, & paſſoit pour être belle & grande, à préſent ce n'eſt qu'un Bourg dont les Habitans ſont preſque tous Grecs & Arméniens ; ils gagnent leur vie à faire des Croix & des Chapelets qu'ils vendent aux Peres de Terre Sainte & aux Pellerins.

Le Couvent eſt très-beau & DuCouvent. renferme dans ſon enceinte le lieu de la Nativité de Jeſus-Chriſt, l'endroit où Saint Jérôme a traduit la Bible d'Hebreux en Latin, & le lieu où les Innocents furent maſſacrés ; ledit Couvent eſt éloigné de Bethléem d'une portée de fuſil ; il y avoit autrefois deux cours, à préſent il ne reſte devant la porte dudit Couvent qu'une grande Place où il y a deux Puits.

On entre par une petite porte haute de trois pieds, large de deux, dans une efpece de petite cour qui fert de portique à l'Eglife. Cette porte étoit autrefois très-grande, mais on l'a murée, & on n'a laiffé qu'un petit guichet pour empêcher les Arabes d'entrer à cheval dans la grande Eglife.

De la grande Eglife. Cette Eglife eft fort vafte, & couverte de plomb, la charpente en eft belle, & eft foutenuë de deux rangs de colonnes de chaque côté, & d'un feul bloc, fur chacune defquelles eft peint un Saint perfonnage que l'on ne peut pas bien diftinguer à préfent. A main droite en entrant, & derriere la quatrieme colonne eft le Baptiftaire des Grecs qui eft fort beau.

En entrant dans le Chœur, on voit de chaque côté du Maître-Autel

Autel une forme de Chapelle; Thevenot dit que du côté de l'Epître, est un Autel où est la pierre sur laquelle J. C. fut Circoncit; nous nous en informâmes, & aucun Religieux ne put nousen instruire. L'Autel qui est du côté de l'Evangile, est le lieu, dit-on, où les Mages descendirent de cheval quand ils vinrent adorer Jesus.

Dans le Chœur sont deux escaliers, un de chaque côté du Maître Autel, qui conduisent tous deux au lieu de la Nativité, qui est positivement sous ledit Chœur; desquels escaliers ayant descendu six marches, on trouve une porte de bronze percée à jour par en haut; c'est cette porte qui ferme le lieu de la Naissance du Sauveur du monde.

Entre ces deux escaliers, en descendant par celui qui est du

côté de l'Evangile, à main gauche, eſt un Autel ſous lequel
naquit Jeſus-Chriſt. Ce lieu eſt
revêtu de marbre blanc, au milieu duquel eſt un cercle d'argent fait en façon de Soleil, où
ſont ces paroles écrites à l'entour, *Hic de Virgine Maria
Jeſus - Chriſtus natus eſt.* Thevenot prétend, qu'aux environs
de ce cercle, s'eſt trouvée
dans le marbre qu'on a employé
pour revêtir ce lieu, la figure
d'une Vierge & un petit enfant
couché devant elle, que l'on
prend, ſelon lui, pour Jeſus &
ſa Sainte Mere; nous examinâmes
le marbre de tous ſens, ſans
pouvoir y rien reconnoître non
plus que les Peres qui étoient
avec nous.

Lieu de la Crêche. Nous deſcendîmes trois marches dans la même Chapelle,
pour arriver proche l'Autel qui
eſt dans le lieu où étoit la Crê-

che, qui eſt actuellement à Rome dans SainteMarie Majeure. Tout vis-à-vis eſt l'Autel de l'Adora- tion des Mages , proche lequel eſt marqué par une pierre, l'en- droit où la Sainte Vierge étoit quand *les Mages* entrerent. Ils poſerent leurs préſens ſur un petit relais de pierre fait en for- me de banc , qui eſt au pied de cet Autel du côté de l'Epître. Cette étable n'étoit point faite de maçonnerie , mais taillée dans le roc ; & l'on y a mis trois colonnes de porphire pour en ſoutenir la voûte , ce qui fait qu'elle s'eſt ſi bien conſervée.

Sortant de ce lieu nous fûmes au tombeau de Saint Euſebe qui eſt dans une Chapelle où il y a deux Autels; ſçavoir, un ſur le tombeau de S. Jérôme, qui eſt à droite en entrant , & l'autre ſur le tombeau de Sainte Paule , & de ſa fille Euſtiochium , où

Autel de l'Adoration.

Tombeau de S. Euſebe.

Tombeau de Saint Jerô- me, de Sain- tePaule & de ſa fille Euſ- tiochium.

P ij

eſt cette Epitaphe faite par Saint
Jérôme. *Obiit hic Paula ex no-
biliſſimis Romanorum Corneliis &
Græchis orta , cùm vigenti annos
vixiſſet , in cænibus à ſe inſtitu-
tis , cui tale Epithaphium poſuit
Hieronimus.* Et cette autre encore. *Scipio quem genuit Paula Fudere parentes Grachorum ſo-
boles Agamemnonis inclita proles,
hoc jacet in tumulo paulam dixe-
re priores Euſtiochii genitrix Ro-
mani prima ſenatus pauperiem
Chriſti & Bethleem iti.*

Continuant par le même co-
ridor, qui eſt une eſpece de
Souterrain, nous fûmes dans le
lieu où les Innocents furent
Maſſacre des Innocens. maſſacrés par l'ordre d'Herode.
Pluſieurs meres ayant cachés
leurs enfans dans ces caves , ils
y furent découverts & égorgés.
Et de là nous fûmes à la Chapelle de S. Joſeph. Il faut porter
de la bougie pour voir clair dans
tous ces lieux.

Nous remontâmes ensuite dans l'Eglise de Sainte Catherine qui est très-belle ; c'étoit autre-fois un Monastere qui a été bâti par Sainte Paule, ainsi que tout le Couvent.

Nous traversâmes la grande Eglise, pour aller voir une gran-de Salle que l'on dit être l'Ecole de Saint Jérôme, & où il a tra-duit la Bible d'Hebreux en Latin. Ecolle de S. Jerôme.

Après avoir visité tous ces Sts Lieux, nous dinâmes au Couvent, & à deux heures nous montâ-mes à cheval pour aller voir les environs de Bethléem.

DES ENVIRONS DE BETHLEEM

Nous commençâmes par voir l'endroit où étoient les Bergers, quand l'Ange vint leur annon-cer la joyeuse nouvelle, disant : *Annuntio vobis gaudium ma-gnum, & gloria in Excelsis Deo.* Il y a une petite Chapelle que

Sainte Helene y a fait bâtir, où les Latins célébrent quatre fois l'année.

Delà nous passâmes par le Village de ces Pasteurs, où il y a un Puits dans lequel on dit que la Sainte Vierge but, fuyant la persécution d'Herode; & passant par ce Village, elle demanda à boire; lui en ayant été refusé, elle courut droit à ce Puits, où il n'y avoit ni corde ni sçeaux: aussi-tôt que la Sainte fut proche ledit Puits, l'eau s'éleva jusqu'à fleur de terre; elle but sa suffisance, & l'eau se retira ensuite dans son centre ordinaire.

Continuant notre route, nous passâmes proche la Caverne dans laquelle David étoit caché, lorsqu'il coupa un morçeau de la robe de Saül.

A trois quarts de lieuës delà, on voit une montagne fort escarpée nommée Bethulie, sur laquelle les François avoient un

Château qu'ils ont confervés quarante ans, après avoir perdu la Ville de Jérufalem ; l'on nomme encore aujourd'hui cette montagne le Mont des François.

Après avoir fait environ deux lieuës, nous arrivâmes dans un profond vallon , que l'on dit être le Jardin de Salomon , & qui eft nommé *Hortus conclufus*. On y voit des veftiges de quelques bâtimens que l'on prétend être des ruines du Palais de ce grand Roy , proche lequel eft une très-belle Fontaine.

Jardin de Salomon.

En montant ce vallon qui a plus d'un quart de lieuë de large , on trouve trois Pifcines taillées en partie dans le roc & très-bien confervées , faite en Amphiteâtre , la premiere étant plus baffe que la feconde , & la feconde , que la troifiéme, fe communiquent leurs eaux fans fe vuider. Le plus petit de ces

Pifcines ou Lavoir de Salomon.

réfervoirs a cent cinquante pas de long. & cent dix de large, & ont chacun huit à neuf toifes de profondeur. On y defcend par des efcaliers taillés dans le roc, & on prétend que Salomon avoit fait ces Pifcines, pour fervir de bains à fes concubines qui avoient *Fons fignatus.* leurs demeures proche ce lieu.

Nous montâmes le long dudit vallon jufqu'à la fontaine qui fournit de l'eau à ces réfervoirs, & fe nomme *Fons fignatus.*

Pour entrer dans le lieu qui renferme ladite fontaine, on defcend couché fur le ventre, par un trou qui eft fait dans une efpece de voûte, où un homme d'une certaine groffeur ne pourroit paffer ; on fe laiffe gliffer, & on tombe dans un Salon oval, pavé de petits carreaux de marbre en mofaïque. A main droite en entrant, font trois fources en triangle à environ un pied &

demi l'une de l'autre , dont chaque source a son canal particulier , & serpentent tous trois
séparément le long dudit Sallon ,
au bout duquel , ces trois can-
naux se réunissent dans un seul ,
qui décharge ses eaux dans les
Piscines dont je viens de parler ;
la plus élevée étant remplie ,
fournit de l'eau à la seconde ,
& la seconde à la troisiéme ; &
la troisiéme déchargeoit autrefois ses eaux dans un Acqueduc
qui les conduisoit à Jérusalem
& à Bethléem.

Proche ce lieu est un petit
Château où il y a des Gardes
qui font payer le Caffare aux
passants.

En retournant par un autre
chemin , nous passâmes proche
une Chapelle , dite de Saint
George , dans laquelle nous aurions entrés , si le Pere qui nous
conduisoit n'avoit craint les

coups de bâton; & nous arrivâmes à Jérusalem à cinq heures du soir. Ne voulant point perdre de tems, nous fûmes visiter tous les Saints Lieux qui sont dans la Ville.

Nous commençâmes par la prison d'où Saint Pierre sortit les portes étant fermées ; il y a des anneaux de fer scellés dans le mur, ausquels on attachoit les prisonniers.

Nous fûmes ensuite à l'Hôpital de Sainte Helene, qui est un très-grand bâtiment, où il y a sept Chaudieres qui ont cinq pieds de large & deux & demi de haut ; on prétend qu'elles sont du tems de la Sainte.

Delà nous fûmes proche la porte du Temple, où Saint Pierre fit le miracle du Boiteux qui lui demandoit l'aumône, auquel il dit : *Leve toi, & te promene.*

Sortant de ce lieu, nous fû-

mes à la maison du mauvais Ri-
che, & à celle du Lazare ;
suivant la voye douloureuse, à
environ deux cent pas du Palais
de Pilate, est le lieu où Jesus-
Christ tomba avec sa Croix ;
Sainte Helene l'a marqué d'une
colonne.

Plus loin on trouve une Arche
nommé l'Arche de Pilate qui ferme la ruë par en haut, où l'on
voit ces mots écrits : *Tolle tolle*
crucifige eum, que l'on a peine à
présent de déchiffrer ; il y a une
fenêtre à laquelle on prétend
que Pilate étoit, quand il dit au
peuple : *Tolle tolle crucifige eum.*
Après avoir passé cette Arche,
& fait environ cinquante pas,
nous arrivâmes au Palais de Pilate, dont on voit à Rome l'escalier que SainteHelene y fit porter, & se nomme *Scala sancta.*
Sainte Helene en a fait mettre un
autre à la place, qui n'a qu'onze

Arche de Pilate.

Palais de Pilate.

Escalier de Pilate.

marches, parce que la ruë a été rehauffée depuis. Il eft nommé Efcalier Saint; parce que J. C. le monta lors qu'il fut mené devant Pilate, & le defcendit pour aller chés Herode.

Salle du Prétoire. Nous fûmes dans la Salle du Prétoire où J. C. fut couronné d'épines & baffoué par les Juifs, de laquelle Salle on voit le Temple de Salomon, qui eft la principale Mofquée de Jérufalem.

Temple de Salomon. Ce Temple eft fait en dôme, couvert de Plomb, & a une cour très-fpacieufe, dont le pavé eft de marbre. Tout à l'entour de ladite cour, il y a des Arcades foutenuës de colonnes de marbre, pofées de deux en deux. Aux quatre coins de la cour il y a des Kiofques ou Pavillons couverts d'ardoifes; nous ne pûmes pas l'examiner plus long-tems, parce que les Turcs ne veulent

point qu'aucun Chrétien y entre,
ni même le regarde ; disant que
ce Temple ne doit pas être soüillé
par des chiens.

Sortant de ce lieu nous fûmes
dans une Mosquée, qui est bâtie
sur les fondemens de la Maison
où est née la Sainte Vierge ; c'é-
toit autrefois une Eglise qui ap-
partenoit aux Armeniens. *Lieu de la naissance de la Sainte Vierge.*

Nous fûmes ensuite au Palais
d'Herode, où est une partie de la
colonne à laquelle J. C. fut attaché quand on le flagella, & le
lieu de la Flagellation sert d'E-
curie. Nous passâmes aussi à la
Maison du Pharisien, où l'on
voit sur une pierre l'empreinte
d'un pied que l'on dit être de
la Magdelaine. Suivant la voye
douloureuse, on trouve la Maison de la Véronique, & celle des
Stes Femmes, ausquelles Jesus-
Christ dit, *ne pleurés point sur moi,
mais sur vous & sur vos enfans.* *Palais d'Herode.*

Proche ce lieu eſt un très-grand
bâtiment où logeoient les Chevaliers de S. Jean de Jéruſalem.
N'y ayant plus rien de remarquable dans la Ville , nous nous
diſpoſâmes pour aller le lendemain à Bethanie , à Betphagée ,
& dans la Vallée de Joſaphat.

Le 22. à quatre heures du
matin nous partîmes de Jéruſalem, accompagnés d'un Pere, &
d'un Frere du Couvent, & de
deux hommes du pays, dont un
étoit Check ou Prince Arabe ;
je n'ai point vû de mandians
plus mal couvert que ce miſera-
ble Prince. Nous portâmes des
proviſions, dans le deſſein de ne
revenir au Couvent que le ſoir.

Nous ſortîmes par la porte
de Saint Etienne premier Mar-
tyr , & paſſâmes proche la roche
ſur laquelle il fut lapidé , ſur le
bord du Torrent de Cédron.

Nous fûmes enſuite au Sépul-

Pierre ſur la-
quelle Saint
Etienne fut
lapidé.

chre de la Sainte Vierge, qui eſt une Egliſe ſouterraine, où les Grecs, les Arméniens, les Goths, les Abiſſins & les Latins ont chacun un Autel, & les Turcs une Moſquée. Quand nous y arrivâmes, on officioit de quatre façons différentes. On y deſcend par quarante-huit marches de pierre. A droite, & au milieu de l'eſcalier, ſont les Tombeaux de Sainte Anne & de Saint Joachim. A gauche, eſt celui de S. Joſeph; & au milieu de l'Egliſe, eſt le Sépulchre de la Ste Vierge qui eſt renfermé dans une petite Chapelle, où il n'y a que les Latins qui y puiſſent célébrer; ladite Chapelle a environ douze pieds de long & ſix de large. Sortant de ce lieu, à main gauche eſt la Grotte où J. C. ſua Sang & eau, & où il ſe retira pour faire ſa priere. C'eſt dans cet endroit où l'Ange lui pré-

senta le calice , & où Jesus-
Chrift dit, levant les yeux au
Ciel ; *si vous voulez Seigneur que
je boive ce calice , que votre volonté soit faite*. Tout proche, &
à un jet de pierre, est l'endroit où
les Apôtres dormoient pendant
que J. C. prioit. Selon la tradi-
tion c'est une roche fur laquelle
Pierre , Jacques, & Jean étoient
endormis quand Jesus vint leur
dire, *Veillés & priés , car mon
Heure est proche.*.

A main droite, à environ quinze pas de ce lieu , est le Jardin
des Olives, où il y a sept Oliviers que l'on dit être du tems
de J. C. ils font prodigieusement
gros & portent encore fleurs &
fruits. Ce jardin est entouré d'u-
ne petite muraille d'un pied &
demi de haut, & n'a qu'environ
trente-cinq pas en quarré. Du
côté le plus à l'Ouest, est un petit enfoncement que l'on dit être

le

le lieu où Judas trahit son divin Maître, & qu'il fit saisir par les Juifs. Proche cet enfoncement, est l'endroit où Saint Pierre coupa l'oreille à Malchus.

A environ cent pas de ce Jardin, on trouve les Sépulchres des Prophetes, qui est un lieu souterrain, où sont taillés dans le roc quantité de Sépulchres, comme ceux dont j'ai parlé dans ma description des Catacombes d'Alexandrie.

Continuant nôtre route pour monter à la croupe du Mont Olivet, nous vîmes le lieu où les Apôtres firent le Symbole. C'est une espece de cave de dix-huit pieds de large, & longue de trente, dont la voûte est soûtenuë par des colonnes.

A une portée de fusil plus haut, est le lieu où J. C. fit le Pater, & environ cinquante pas au dessus, est l'endroit où fut

Sépulchrs des Prophetes.

Lieu ou fut fait le Symbole des Apôtres.

Où Jesus-Christ fit le Pater.

Prédiction du Jugement dernier.

prédit le Jugement dernier. Ce
fut proche ce lieu que Sainte Pe-
lagie, courtifane d'Antioche, fit
pénitence.

Où l'Ange prédit la mort à la Sainte Vierge.

Nos Religieux y avoient autrefois une Chapelle dont les
Turcs fe font emparés pour en
faire une Mofquée, vis-à-vis de
laquelle, eft le lieu où l'Ange
apparut à la Sainte Vierge, & lui
prédit fa mort ; cet endroit eft
marqué d'un bout de colonne.

Etant arrivés fur la croupe du
Mont Olivet, qui eft le lieu de
l'Afcention de J. C. nous fîmes
notre priere proche une Mofquée, qui étoit autrefois une
Eglife qui appartenoit aux Latins,
& dans laquelle il y a une pierre
fur laquelle eft l'empreinte d'un
pied gauche, que l'on dit être de
Jefus-Chrift, & que l'empreinte
du pied droit étoit aufli marqué
fur une autre pierre, que les
Turcs ont portés dans le Tem-

ple de Salomon, & pour laquelle on dit qu'ils ont beaucoup de vénération. Pour entrer dans cette Mosquée il fallut payer quelques tributs au Turc qui en avoit la clef.

Nous descendîmes ensuite de l'autre côté du Mont Olivet, & nous passâmes proche l'endroit où étoit le Village de Jessema-née, & proche Betphagée, où J. C. envoya chercher l'Anesse & l'Anon pour faire son entrée dans Jérusalem le jour des Rameaux ; ces deux endroits ne sont présentement que des ruines, où l'on a peine à connoître s'il y a eu des Villes ou Villages bâtis dans ces lieux.

A une lieuë de là, étoit la Ville de Bethanie, située dans un vallon, où tout est, pour ainsi dire, entierement ruiné. On y voit la pierre sur laquelle J. C. s'assit quand il vint pour ressusciter

Village de Jessemanée.

Château de Betphagée.

Pierre sur laquelle Jesus-Christ s'assit quand il vint ressusciter Lazare.

Q ij

Lazare, où Marthe lui dit: *Domine si fuisses hic frater meus non fuisset mortuus.* Cette pierre est haute d'environ deux pieds, & ressemble à un relais qui auroit été taillé dans le roc ; on dit que l'on en a beaucoup cassé, & qu'elle conserve toujours la même hauteur, & la même grosseur ; ce que je n'affirmerai pas.

Château de la Magdeleine.

A quelques pas de cette pierre, étoit le Château de la Magdelaine, & tout proche est un Puits qui servoit à son usage. A environ cinquante pas plus loin étoit le Château de Marthe, dont il reste un petit pend de mur d'environ sept pieds de haut. Delà nous vinmes au Château du Lazare, qui étoit bâti sur une

Château du Lazare.

petite éminence, duquel on voit encore des murailles fort élevées.

On descend dans son Sépul-

chre par vingt-six marches taillées
dans le roc , pour arriver dans
une petite Chapelle où nos Religieux célébrent quatre fois l'année. Etant dans cette Chapelle on
descend six marche pour arriver
dans une petite Grotte de sept
pieds en quarré ; il y avoit quatre jours que le Lazare étoit
mort, & mis dans ce lieu, quand
J. C. le ressuscita. La pierre qui
sert d'Autel à la Chapelle dont
je viens de parler, est celle sur
laquelle étoit le corps du Lazare
dans son Sépulchre.

Sortant de ce lieu, nous paf- Maifon de
fâmes proche la Maison de Si- Simon le Lé-
mon le Lépreux , dont on voit preux.
encore quelques vestiges.

Nous continuâmes notre rou- Arbre où Ju-
te le long de la Vallée du Fi- das fe pendît.
guier maudit , pour venir à la
Vallée de Josaphat, sur le bord
de laquelle est l'Arbre où l'on
prétend que Judas se pendit après

avoir trahi le Sauveur du monde. Proche ce lieu eſt le Cimetiere des Juifs. Nous deſcendîmes enſuite dans ladite Vallée , ſur le bord de laquelle eſt le Sépulchre d'Abſalon fils de David , qui eſt entouré de pluſieurs colonnes , dont les chapiteaux ſont Corinthiens, & eſt couvert d'une piramide ; il eſt facile à connoître par la quantité de pierres qui ſont à l'entour, d'autant plus que perſonne ne paſſe proche ce Sépulchre ſans y en jetter , comme déteſtant la mémoire de ce Prince , à cauſe de ſa rebellion contre ſon Pere. Ce Sépulchre eſt tout vis-à-vis d'un petit Pont qui eſt ſur le Torrent de Cedron , du haut en bas duquel les Juifs firent tomber Jeſus-Chriſt à force de le maltraiter , quand ils l'eurent pris au Jardin des Oliviers; l'empreinte de ſon corps eſt marqué

Sépulchre
l'Abſalon.

fur une roche au bas dudit Pont
dans le Torrent.

Plus loin fe voit le Sépulchre
de Zacarie, & enfuite la Grotte
où les Apôtres fe cacherent
quand J. C. fut pris. Cette Grotte
eft taillée dans le roc, & les
fenêtres font fermées de barreaux
de fer. Continuant fa route du
long de ladite Vallée, on voit à
droite une Fontaine que l'on
nomme Fontaine de la Vierge,
parce qu'elle a lavé dans cettedite
Fontaine les langes de fon cher
Fils ; on y defcend par quinze
marches. L'eau en eft fort bonne.

Nous fûmes enfuite voir le
Puits où les Juifs cacherent le
feu Sacré quand ils furent em-
menés captifs en Babilone fous
Nabucodonofor. Après avoir
été délivrés de leur captivité
qui dura foixante-dix ans ; & de
retour en Judée, le Grand-Prê-
tre Nehemie fit chercher le feu

Sacré dans ledit Puits. On n'y trouva que du limon, lequel ayant été mis fur l'Holocaufte, elle s'enflama & fut confumée.

En remontant du côté de la Ville, nous paffâmes proche le lieu où le Prophéte Ifaïe fut fcié tout vif, avec une fcie de bois, par l'Ordre du Roy Manaffé. On prétend que ce fut entre deux Oliviers, proche lefquels étoient quatre Arabes qui avoient bonne volonté de nous donner la baftonnade; ils nous le témoignerent affez ouvertement, en nous difant, que nous étions bien heureux d'être en fi bonne compagnie, qu'autrement nous ne pafferions pas à fi bon marché. La bonne compagnie dont ils parloient, étoit ce Check-Arabe qui nous efcortoit. Nous ne reftâmes pas long-tems dans ce lieu, crainte qu'ils ne manquaffent de refpect pour notre Guide.

A

A cent pas de là se voit la pis-
cine de Siloée, où Jesus-Christ
envoya l'Aveugle né , qui y re-
couvra la vuë.

Sur la gauche du chemin proche les murs de la Ville , est le
Champ du Potier , qui fut ache-
té de l'argent que Judas reçut
quand il vendit son Maître ; ce
Champ est entouré de murailles ,
on y a bâti un Hôpital pour loger les pauvres passans. Entre ce
Champ & la Ville , est l'endroit
où S. Pierre pleura son péché
après avoir renié Jesus.

Il étoit pour lors deux heures
après midi. Nous nous arrêtâmes
proche les murs de la Ville ,
sur le bord de la Vallée de Josaphat pour dîner.

Après dîner nous continuâmes notre route le long desdits
murs, nous passâmes proche la
porte par laquelle Jesus-Christ
entra quand il fit son entrée dans

R

Jérusalem le jour des Rameaux.
Après avoir parcouru la Vallée
de Josaphat , nous traversâmes
les champs pour aller aux Sépulchres des anciens Roys d'Israël,
qui sont éloignés de la Ville
d'environ un quart de lieuë.

Sépulchres des anciens Roys d'Is-raël.

C'étoit autrefois un espece de
Château entouré de murs forts
hauts. La cour est octogone, au
fond de laquelle, à gauche , est
une espece d'hangars où il paroît
avoir été autrefois un escalier.
Sous cette voûte,à gauche,est un
trou par lequel on passe , pour
se laisser glisser le long du mur,
pour entrer dans une grande
salle quarrée où sont les portes de
quatre chambres qui communiquent dans ladite salle ; ces qua-
tres portes ont été taillées dans
le roc , & n'en ont jamais été
détachées que pour leur donner
la facilité de tourner sur leurs
gonds qui sont du même roc , (&

l'on peut dire que c'eſt l'ouvrage d'une main habile.) Dans chacune des chambres il y a huit Sépul-chres , tous taillés dans le roc , de la même façon que ceux dont j'ai parlé. Dans la chambre qui eſt à main droite en entrant dans la grande ſalle qui ſert comme d'antichambre aux quatre que je viens de décrire ; & après avoir deſcendu ſix marches , on trouve une autre petite chambre d'en-viron dix pieds de long , & huit de large , dans laquelle ſe voit un Tombeau de pierre , fait en forme de cercueil de ſix pieds & demi de long , qui a été rom-pu par les Turcs.

En retournant à la Ville, nous paſſâmes proche la Grotte du Prophéte Jeremie, dont la porte étoit fermée ; elle paroît avoir été auſſi taillée dans le roc , & n'eſt éloignée de la Ville que d'environ deux cens pas. Nous retournâmes au Couvent. N'y ayant plus rien à voir ni dans la Ville, ni aux environs, nous nous disposâmes à partir ce même soir ; nous ne pûmes point aller au Jourdin , les Arabes étant en guerre sur la route où nous devions passer.

Description du Couvent de Saint Sauveur.

Le Couvent de S. Sauveur est très-beau , & fort commode pour les Pellerins qui y sont bien reçus & bien traités.

L'Eglise en est belle & bien ornée, & pavée de marbre. Il y a trois Autels; sçavoir , le Maître Autel qui est dédié au S. Esprit ; celui qui est à droite, est dédié à la Scene de J. C. & l'autre à l'Apparition de Jesus-Christ à S. Thomas.

Avant notre départ, les Religieux s'assemblerent ; le Révérendissime revêtu de ses habits sacerdoteaux, nous fit un Sermon

des plus touchans, ensuite nous
donna sa bénédiction & nous
embraffa. Sortant de l'Eglife
l'on nous expedia des Lettres
Patentes.

Après avoir pris congé des
Peres, nous partîmes ce même
jour vingt-deux Aouft à fix heu‑
res du foir, accompagnés de
notre Guide, du Conducteur de
la Caravane qui nous avoit ame‑
nés, & de quatre Arabes. Nous
marchâmes toute la nuit par une
autre route que celle que nous
avions faite en allant. A minuit
nous mîmes pieds à terre dans
un vallon, où nous dormîmes
près d'un buiffon éloigné du che‑
min de dix ou douze pas. A
neuf heures du matin nous arri‑
vâmes a Napelouze, nous fûmes
loger chés le Gouverneur qui
eft, comme je l'ai déja dit, le
frere de l'Aga.

L'heure du dîner étant venuë,

Départ de Jérufalem.

R iij

Dîner du Gouverneur de Napelou-ze.

on mit le couvert dans notre appartement, & on servit avec autant de propreté, & environ la même quantité de plats que l'on avoit servi chés l'Aga; nous fûmes invités à ce repas, où nous fîmes à peu-près la même figure que la premiere fois. Etant sortis de table tout le monde se lava les mains, on prit le Caffé, & ensuite la pipe, commission dont je m'acquittois fort bien, d'autant plus que je fumois beaucoup quand j'étois dans les troupes. Ces Turcs étoient charmés de voir que je ne faisois nulle difficulté de vivre comme eux, & disoient qu'il étoit facheux que je fusse né Infidele, que si Dieu m'avoit fait la grace d'être né dans la religion Mahometane, que j'aurois été un très-bon Musulman.

Départ de Napelouze.

A sept heures du soir, l'Aga nous donna un de ses Janissaires

pour nous accompagner jufqu'à
Nazareth. Nous marchâmes toute la nuit par monts & vallées
avec un profond filence. A deux
heures du matin, nous traverfâmes un Village où il y avoit du
monde éveillé ; on nous demanda qui nous étions ; notre Guide
répondit ; & auffi-tôt que nous
fûmes hors du Village, il nous
fit entendre qu'il falloit s'éloigner
promptement, crainte que ceux
qui venoient de lui parler ne
vinffent nous reconnoître. Nous
quittâmes notre route pour en
reprendre un autre, & nous partîmes au grand galop à travers
champs pour nous éloigner de
ce mauvais lieu, il falloit être
muets à la vûë d'un Village, où
à la rencontre de la moindre
perfonne.

Nous arrivâmes à Nazareth
le vingt-trois à huit heures du
matin, où nous quittâmes nos

habits Arabes pour reprendre
les nôtres. A deux heures nous
partîmes de Nazareth pour retourner à S. Jean d'Acre où
nous arrivâmes à sept heures du
foir, & nous logeâmes chés le
Conful.

Le lendemain vingt-quatre,
ayant appris que l'Efcadre du
Roy n'étoit plus devant Seyde,
& qu'elle avoit fait voiles pour
Chypre, M. de la Condamine
voulut nolifer un Bateau pour
nous paffer en Chypre ; mais les
François qui font établis dans
ce lieu, lui repréfenterent que
le vent étoit contraire, & qu'il
feroit beaucoup mieux d'aller
à Seyde, où il trouveroit des
occafions autant même plus qu'il
ne voudroit, pour paffer en Chypre, & que tous les foirs, il s'é-
levoit un vent de terre fur ces
parages, qui portoit plus de vingt
lieuës au large, & que notre

traverſée ſeroit au plus de vingt-quatre heures.

M. de la Condamine ſe rendit à toutes ces remontrances avec peine, & ſembloit prévoir ce qui nous devoit arriver.

Avant de partir d'Acre, nous fûmes voir les ruines du Château que les Chevaliers de Malthe poſſedoient autrefois dans cette ancienne Ville de Paleſtine, qui ſelon Strabon, étoit une des plus floriſſantes de ſon tems, à préſent très-petite, où l'on fait peu de commerce.

Après avoir oüi la Sainte Meſſe, nous partîmes d'Acre avec M. Gailles, Marchand François, établi à Seyde. Nous fûmes accompagnés de pluſieurs François juſqu'à une lieuë de la Ville.

Départ de Saint Jean d'Acre.

Comme il y a dix-huit lieuës d'Acre à Seyde, nous portâmes nos proviſions de bouche; & après avoir marché environ quatre

heures , nous nous arrêtâmes
fous un arbre, au bord d'une fontaine, pour dîner. Nous continuâmes enfuite notre route à travers
des montagnes fort efcarpées qui
bordent la mer , où il y a de
très-mauvais chemins ; ayant traverfé deux lieuës de montagnes
nous arrivâmes proche un Château où nous payâmes une demie
Piaftre par tête pour le Caffare.
Après avoir fait environ trois
lieuës , nous trouvâmes deux
grands Baffins que l'on nomme
Puits de Salomon , que l'on dit
être l'ouvrage de fes mains. Le
plus petit a environ vingt-cinq
pieds en quarré , fait aller un
Moulin. L'autre qui eft beaucoup
plus grand , décharge fes eaux
par deux canaux dans une efpece d'entonnoir de pierre, d'où
ces eaux tombent dans des auges
avec rapidité, & font aller deux
autres Moulins. Ces Puits font ex-

Puits de Sa-
lomon.

traordinairement profonds, & si-
tués dans une Plaine sur le bord
de la mer ; ils sont élevés de la
surface de la terre d'environ douze pieds, l'eau en est très-bonne.
Comme il étoit fort tard, & que
le jour commençoit à finir, nous
continuâmes notre route & arrivâmes à Tyr à huit heures du
soir

Cette Ville si superbe autrefois, ne mérite pas aujourd'hui
de porter le nom de Hameau.
Ses murs sont abbatus, son Port
est comblé ; en un mot, il n'y a
plus que quelques mazures où
logent des Grecs & des Arabes.

Avant que d'arriver dans cette ancienne Capitale, nous passâmes par le chemin qu'Alexandre se fit dans la Montagne quand
il vint subjuguer les Tyriens, il
y peut passer quatre Cavaliers
de front.

Nous logeâmes chés un Grec qui nous donna une Ecurie pour tout appartement; nous occupâmes le logement de nos chevaux que l'on mit coucher dans la cour; il ne fe trouva rien chés notre hôte pour fouper; heureufement qu'il nous reftoit quelques débris de notre dîner, qui nous furent d'un grand fecours; car nous avions tous bon appetit.

Le lendemain vingt-cinq, Fête de Saint Loüis, nous partîmes de Tyr, que l'on nomme actuellement Sour; nous arrivâmes à Seyde à onze heures du matin, nous entendîmes la Meffe, & dinâmes chés M. Gailles. Sortant de table, nous fûmes voir les Sépulchres des anciens Roys de *Sépulchres des Anciens Roys de Sidon.* Sidon, où l'on voit un Arbre petrifié, qui eft plus dure que le roc même; ces Sépulchres font taillés dans le roc, comme ceux dont j'ai parlé.

Seyde, Ville de Syrie , autrefois nommé Sidon , est sur le
bord de la mer , au Septentrion
de la Ville de Tyr. Du tems des
Chrétiens il y avoit deux Forte-
resses qui défendoient l'entrée
de son Port , présentement il n'y
en a plus qu'une qui subsiste en
partie , & n'est capable d'aucune
défense. Dans le camp des
Francs demeurent les Religieux de l'Ordre de Saint François , & les Marchands qui y
font un trafic considérable en
Soye & en Coton.

Au tour de la Ville sont quantité de Jardins plantés de toutes
sortes d'arbres fruitiers , entr'autres garnis de Muriers blancs ,
dont les feüilles servent à nour-
rir les Veres à Soye. Il y a aussi
des Figuiers dont les feüilles ont
environ deux pieds de long &
un de large ; on prétend qu'A-
dam se servit de ces feüilles pour

se couvrir quand il eût péché ; l'on nomme ces Figuiers du nom d'Adam.

A quatre heures M. de la Condamine nolisa un Bateau pour nous passer en Chypre, & à cinq heures nous nous rendîmes à bord. Etant dans cette Barque & prêts à faire voile, l'Aga de Chypre envoya dire aux Messieurs de la Nation, de prier M. de la Condamine de vouloir bien recevoir sur son bord un Aga qui vouloit passer en Chypre avec un Drogman & quelques domestiques, il ne s'agissoit pour lors que de quatre ou cinq personnes, & il s'en trouva plus de vingt, de sorte qu'il n'y avoit, pour ainsi-dire, plus de place pour nous. Tout cela ne nous auroit point empêché de faire voile si M. de la Condamine ne s'étoit trouvé incommodé, je me fis mettre à terre & fus prier

Messieurs de la Nation d'envoyer quelqu'un pour le faire débarquer, n'étant pas en état, avec la fiévre, de soutenir les fatigues de la mer dans un pareil Bâtiment; il vint aussi-tôt un Marchand, & nous débarquâmes.

Le lendemain le Reys du Bâteau vint nous avertir que le vent étoit bon, & sçavoir si nous voulions partir ; nous ne deférâmes pas d'un moment ; nous nous embarquâmes à midi, avec un petit vent de terre qui nous porta six lieuës au large.

Après avoir relevé Seyde, d'où nous étions éloignés d'environ sept lieuës, le vent changea & devint contraire ; ces sortes de Bâtimens, ou pour mieux dire ceux qui les conduisent, n'étant pas accoutumés à naviguer avec le vent contraire, & n'ayant ni Cartes ni Boussolles, le Reys se trouva fort embarrassé ; il nous dit qu'il falloit retourner à Seyde, que le vent n'étant pas bon, il ne pouvoit plus aller, & qu'ayant des Turcs fur fon bord, il appréhendoit les Corfaires. Quelqu'inftances qu'on lui ait pû faire, il perfifta toujours pour retourner. Il ajoûta cependant que fi M. de la Condamine vouloit répondre des Turcs qui étoient dans fon Bâtiment, qu'il tiendroit la mer, & feroit route. M. de la Condamine aima mieux retourner à Seyde, que d'engager fa parole pour des gens qui le méritoient fi peu, & qui nous embarraffoient beaucoup ; nous retournâmes enfin, & fix heures après nous débarquâmes.

Quelques-tems après que nous fûmes à terre, on apprit qu'un Grec alloit mener du Bled à Beruth ; on fit venit cet homme, & ayant fait marché avec lui pour nous paffer en Chypre, nous

nous nous embarquâmes à dix heures du soir & fîmes route la même nuit.

Le lendemain vingt-sept, à huit heures du matin, nous arrivâmes à Beruth ; ce Grec ayant déchargé son Bled, ne put partir, le vent étant contraire, il fallut attendre le vent de terre qui regne ordinairement à minuit sur ces Côtes ; le vent étant venu petit frais, nous mîmes à la voile. Le lendemain à huit heures du matin nous n'étions qu'à cinq lieuës de terre, le vent cessa, & nous restâmes en calme toute la journée ; la nuit suivante fournit très-peu de vent. Quand nous eûmes perdu les Côtes de vuë, nos Mariniers qui étoient aussi bons Pilotes que le Reys dont j'ai parlé, & munis des choses nécessaires pour la navigation, ne sçavoient de quel côté faire route, & au-

roient été fort embaraffés fi M.
de la Condamine n'avoit eû la
précaution de copier à Seyde
la partie de la Carte dont nous
avions befoin pour notre traverfé; il avoit auffi une Bouffole
de poche qui fut d'un grand
fecours. Quand nos Grecs virent
cet appareil, ils lui confierent
le gouvernement de la Barque,
& venoient le confulter pour
fçavoir leur route. Le vingt-neuf,
nous reftâmes en calme fans
pouvoir gouverner.

Le 30. nous eûmes fort peu
de vent jufqu'à midi qu'il commença à fraîchir. A fix heures
nous découvrîmes la terre; auffi-
tôt qu'on l'eut reconnuë, nos
Mariniers redevinrent Pilotes.
Depuis huit heures du foir jufqu'au lendemain, nous reftâmes
en calme.

Le 31. le vent ayant fraîchi
à peu près à la même heure que

le jour précédent, nous forçâmes
de voiles pour profiter du tems,
& arriver le plûtôt qu'il nous
feroit poffible. A quatre heures
le vent ayant doublé, la mer devint fi groffe, que fouvent il paffoit des grains par deffus notre
Barque, qui nous innondoient ;
nous arrivâmes malgré ce gros-
tems à cinq heures & demie à
une lieuë de l'Ernica, où nous
fûmes obligés de jetter l'ancre,
pour éviter le danger qui étoit
véritablement grand ; car plus
nous approchions de terre, plus
la mer étoit groffe ; malgré cette précaution je crois que fi le
vent s'étoit encore renforcé, nous
n'aurions pas été en fûreté.

Au coucher du Soleil le vent
changea ; nous levâmes l'ancre, & arrivâmes à l'Ernica en
Chypre, vent arriere.

Ayant pris Port, nous fûmes
conduits chés M. de Mongrand,

Conful de France, où nous ap-
prîmes que les Vaiffeaux du Roy
étoient partis depuis trois jours.
Si M. de la Condamine n'avoit
pas crû les Marchands d'Acre,
nous aurions immanquablement
trouvé les Vaiffeaux en Chypre,
ou du moins nous les aurions
joints en mer.

Le lendemain de notre arrivée, on nous dit qu'une Barque
Françoife carennoit à Fama-
gouft , & qu'elle devoit faire
voiles pour Smirne ; on envoya
un Exprès pour fçavoir quand
elle partiroit, & prier le Capitaine de relâcher à l'Ernica ; le
Commiffionaire revint le lende-
demain avec une Lettre du Capitaine le Roy qui commandoit
cette Barque , par laquelle il
marquoit qu'il étoit prêt à partir , & qu'il ne pouvoit relâcher
qu'à Limaffol, petite Ville de
cette Ifle , diftante de l'Ernica

de quinze lieuës par terre.

Ce même jour nous fûmes voir un Sépulchre, que l'on dit être celui dans lequel on mit Lazare, quand il mourut pour la seconde fois. Il eſt dans une Egliſe Grecque, bâtie dans le Village proche la Marine ; der‑riere le Chœur de cette Egliſe eſt ce Sépulchre, dont l'entrée eſt ſi petite, que l'on a peine à y paſſer. Il paroît y avoir eu au‑tre-fois trois marches pour y deſcendre ; il eſt à peu-près de la même grandeur que celui que j'ai vû en Béthanie.

Nous trouvâmes dans ce lieu un Animal de la groſſeur d'une Noix, ayant preſque la forme d'une Arraignée, mais plus long & les pattes différentes. On pré‑tend que ces ſortes d'animaux, ſont plus mauvais que l'Aſpic, dont il y a grande quantité dans cette Iſle. Nous le tuâmes, & le

Animal ex‑
traordinaire.

Drogmant ne put jamais nous
dire fon nom en François.

Le même jour nous partîmes
de l'Ernica à cinq heures du foir,
avec M. Chriftophie, Drogmant
de la Nation , & un homme
pour avoir foin des Chevaux.

A deux lieuës de l'Ernica il y
a de très-belles Salines , où l'eau
de la mer n'a pas communiqué
depuis plus de cent ans , elles
fourniffent autant de Sel par l'eau
de la pluye , qu'elles en fournif-
foient quand l'eau de la mer y
entroit.

A une lieuë au-delà defdites
Salines on voit le Tombeau de
la mere de Mahomet, où il y a
une Mofquée , à côté de laquelle
eft un petit Dôme dans lequel
ce Tombeau eft précieufement
renfermé. Le Gardien nous permit par grace , de regarder à travers les fenêtres qui font fermées
de grilles de fer. Les Turcs pré-

tendent que ce n'eſt point aux
Infideles à voir des choſes ſi Sain-
tes , & ſi Sacrées.

Nous continuâmes notre route juſqu'à dix heures du ſoir ,
que nous nous arrétâmes dans
un Village où notre Drogmant
étoit connu ; nous ſoupâmes dans
ce lieu , & dormîmes dans la
cour , juſqu'à deux heures que
nous montâmes à Cheval , &
ayant marché juſqu'à ſix heures
du matin , nous nous arrétâmes
proche une fontaine dans un
vallon pour faire boire nos chevaux. Dans ce moment il paſſa
un homme venant de Limaſſol ,
qui nous dit que le Capitaine le
Roy n'étoit pas encore arrivé ,
ce qui nous occaſionna de reſter
trois ou quatre heures dans ce
lieu pour repoſer nos Chevaux.

Nous arrivâmes à Limaſſol
le quatre Septembre à cinq heures du ſoir ; nous logeâmes chés

un Grec nommé Dimitry, qui
fait les affaires de la Nation
Françoise dans ce Port. Le lendemain cinq, nous montâmes
à cheval pour aller voir les ruines du Château de l'ancienne
Limassol.

Ruines de l'ancienne Limassol.

L'on y voit deux Urnes de
pierre fort dure, qui ont environ
douze pieds de profondeur &
vingt de diametre. Ce Château
étoit situé sur la croupe d'une
montagne fort escarpée à deux
lieuës de la nouvelle Ville. Du
haut de cette montagne nous
découvrîmes dans un vallon, à
une demie lieuë d'où nous é-
tions, une colonne qui est plantée au milieu de la campagne ;
en descendant pour l'aller voir,
nous rencontrâmes une compagnie de Perdreaux, le Drogmant
& moi, tuâmes chacun le nôtre ;
cette colonne dont je viens de
parler, a treize pieds de haut,
sans

fans y comprendre le pied d'ef-
tal qui en a trois ; nous n'y tro-
vâmes aucune infcription qui
nous put inftruire du fujet pour
lequel on l'a plantée.

Le fix je fus à la Chaffe, &
fis plus de deux lieuës fans ren-
contrer du gibier que l'on nomme Francolin, dont il y a grande
quantité dans cette Ifle, je tuai fix
pieces d'autres gibiers ; comme
il étoit tard, & que je retour-
nois à la Ville fort mécontent,
faifant réflexion fur le malheur
que j'avois de ne pouvoir tirer
de ces pieces tant vantées &
qui m'étoient inconnuës. Le moment d'après traverfant par des
grandes herbes, je vis partir un
de ceux que je cherchois depuis fi long-tems ; je faifi l'occafion, la fortune me favorifa,
quoique le tirant, pour ainfi
dire, hors de portée, je le dé-
montai d'une aïle ; le voyant

tomber je courus à mon coup promptement, crainte qu'il ne m'échapât, parce qu'ils courent plus vîte que la Perdrix. Aussitôt que je l'eut attrapé, je m'en revint un peu plus satisfait. Ce gibier est un dérivant du Faisant, & de la Perdrix, & est un peu plus gros que la Perdrix rouge.

Des Francolins.

Le sept je m'étois proposé, d'aller chasser dans la montagne où l'on trouve plus de gibier que dans la Plaine, & j'étois prêt à partir, lors qu'il arriva un Exprès de la part de M. de Mongrand avec une Lettre de sa main, par laquelle il mandoit que la Barque que nous attendions avoit relâché à l'Ernica, & qu'elle nous attendoit, je fus par conséquent obligé de rompre ma partie de chasse & de songer à partir.

Il y a à Limassol un Château sur le bord de la mer, pour la

sûreté des Bâtimens Turcs & Grecs qui y moüillent, les Turcs y font la garde toute la nuit, & de moments à autre crient de toutes leurs forces. *Sakena à larga.* C'est-à-dire *prenés garde à vous, tenez vous au large, car nous sommes sur nos gardes.* On allume aussi deux feux d'abord qu'il est nuit, un sur la pointe du Cap d'Agathe, & l'autre sur la montagne où étoit située l'ancienne Limassol, pour faire voir aux Corsaires qu'on seroit toujours prêt à se défendre s'ils vouloient approcher ; je crois que ces sortes de signaux témoignent plus de peur que de courage. Malgré toutes ces précautions, deux Corsaires Malthois, leur enleverent il y a six mois, trois Bâtimens chargés de Bled, & d'autres marchandises, qui furent conduits à Malthe ; voici comme l'affaire se passa.

Du Château de Limassol & de la garde que l'on y fait.

Tij

Ces deux Corſaires mirent à
l'encre à la pointe du Cap d'A-
gathe , d'où ils ne pouvoient
être apperçus de la Ville. Ils
jetterent leurs Felouques à la
mer , & les armerent de vingt-
cinq à trente hommes chacune,
& ſe tinrent au large tout le
reſte du jour ; quand il fut nuit,
ils vinrent terre à terre , juſques
ſous les murs du Château ou
étoient moüillés ces trois Bâtimens. Ils les aborderent , en
couperent les Cables, & mirent
à la voile ſur le champ ſans être
découverts. La Sentinelle qui
étoit ſur les Tours voyant partir ces Bâtimens , ſe douta de
ce qui étoit arrivé , & ſe mit à
crier ; auſſi-tôt on tira un coup
de Canon du Château qui éveilla l'Equipage deſdits Bâtimens,
qui ſe voyant le bout du fuſil
ſur l'eſtomach, prirent le parti
de ſe rendre ſans réſiſtance. Le

Château continua de tirer, & l'on prétend qu'il fut tiré plus de cent coups de Canon sans faire aucun mal, ni même frapper les Bâtimens, ainsi les deux Felouques s'en rendirent maître, sans perdre un homme.

Le sept à quatre heures du soir, nous partîmes de Limaſſol, & nous vînmes souper dans un Village ſitué au milieu d'un bois à deux lieuës de la mer, où les Corſaires Malthois font ſouvent des priſes ; comme il étoit environ minuit & que nous étions huit hommes tant à pied qu'à Cheval, les habitans de ce lieu, nous entendant venir ſe ſauverent dans les bois, croyant que nous étions Corſaires, & que nous venions les pillier, ou les faire Eſclaves. Le Drogmant nous recommanda de ne point parler aux approches de ce Village où il étoit connu, crainte

de reçevoir quelques coups de
Fufils. Il avança le premier &
appella ceux qu'il connoiſſoit
dont il n'étoit reſté que quelques
femmes & un homme qui étoit
monté au fête de ſa maiſon, ar-
mé d'un Fuſil & de deux Piſtolets. Quand ils entendirent la
voix du Drogmant , ils furent
raſſurés , & nous reçurent dans
une Cour , où l'on alluma du
feu proche lequel nous ſoupâmes ; le lendemain à deux heures du matin nous montâmes à
Cheval & arrivâmes à l'Ernica
à dix heures du matin.

Le neuf nous couchâmes à
bord de cette Barque , nommée
la Galere de Marſeille, ci-devant
la Chypriotte , ſur laquelle il y
avoit ſix ſemaines que la peſte
avoit été , dont il n'étoit reſté
de tout l'Equipage que le Capitaine & trois Matelots , &
qui étoit ſans contredit la plus

vielle Barque de toute la Médi-
terranée. Nous partîmes enfin
avec vent contraire le dix de
Septembre, & nous louvoyâ-
mes pendant cinq jours sans pouvoir doubler l'Isle de Chypre.
Il y avoit sur notre bord 50
passagers Turcs qui n'avoient
pas fait beaucoup de provisions;
& prévoyant le besoin où il se
trouveroient en s'exposant de
passer en Caramanie sans rafraî-
chissement, ils obligerent le Capitaine à relâcher à Baffa ci-devant Paphos; je crois même que
ce relâchement fit plaisir au Capitaine, d'autant plus qu'il y avoit
une voye d'eau à la Barque,
qui obligeoit de pomper trois
fois le jour. Nous y moüillâmes
le quinze à quatre heures du
soir.

Nous fîmes mettre notre
Equipage à terre, à dessein de
passer à Rhodes si nous en trou-

vions l'occasion, & même nous avions plusieurs raisons pour cela. 1°. La quantite d'eau que faisoit la Barque par son trop long service, secondement le Capitaine voyant que son Bâtiment n'étoit pas capable de soutenir la mer, n'osoit courir de grandes bordées, par conséquent nous faisions très peu de chemin, & nous perdions par-là toute espérance de rejoindre les Vaisseaux du Roy où étoit tout notre Equipage, n'ayant emporté avec nous que chacun huit chemises & l'habit que nous avions sur nous.

Etant à terre nous fûmes au Village qui est sur le bord de la mer, & bâti sur les ruines de l'ancienne Paphos, nous y trouvâmes un Grec qui s'offrit de nous loger chés lui pendant tout le tems que nous serions dans cette Isle. M. de la Con-

damine accepta l'offre ; nous
fuivîmes notre Hôte qui nous
mena à fa maifon dans la nouvelle Ville, diftante de la Marine
d'environ une lieuë.

Cette Ville eft bâtie fur une
Eminence à l'Eft de Paphos,
où l'on n'y fait aucun commerce. Le lendemain 16. nous parcourûmes toute cette Ville fans
y trover rien qui foit capable
d'attirer la curiofité des Voyageurs.

Le foir après avoir foupé, M.
de la Condamine monta fur une
Terraffe qui étoit dans la cour
de notre Hôte , pour voir fi
nous aurions eû bon vent , en
continuant notre route fans relâcher ; cette Terraffe aboutif-
foit fur la Cour d'un voifin qui
y étoit pour lors couché avec
fa femme , & qui ayant apper-
çû M. de la Condamine ordonna fans doute à fa femme de

crier & de dire que le François
qui étoit logé chez Gaillotte,
(c'est ainsi qué se nommoit notre Hôte) vouloit descendre
pour la prendre de force. Je
laisse à penser si M. de la Condamine, dont la réputation est
connuë, est un homme à sauter
du haut en bas de cette Terrasse
qui à plus de vingt pieds de
haut , pour aller joüir d'une
femme à côté de son mari, je
crois même qu'il n'apperçut la
femme que dans le moment
qu'elle cria ; il descendit sur le
champ, demanda à notre Hôte
pourquoi cette femme crioit de
la sorte , Gaillotte en fit l'expli-
cation, & dit que ces gens là
ne cherchoient qu'à lui nuire ,
& que cette avanture pourroit
lui causer une avanie.

Cette mauvaise femme fut
sur le champ se plaindre au Titaban,qui est une espece de Juge

de Police , & Receveur des Tailles ou Caraches ; elle lui dit que l'Etranger qui logeoit chez Gaillotte avoit voulu la prendre de force , & que Gaillotte lui en avoit fourni les moyens, en lui indiquant de descendre par sa Terrasse ; le pauvre Gaillotte fut pour se justifier ; & sans écouter ses raisons , on le mit en prison.

Le Titaban envoya chercher M. de la Condamine , il étoit pour lors neuf heures du soir, que nous étions encore dans la Cour à attendre notre Hôte. Dans ce moment arriverent quatre Turcs qui firent entendre à M. de la Condamine d'aller parler au Titaban, pendant que ceux-ci s'efforçoient de parler à un homme qui ne daignoit pas les écouter ; il en arriva six autres & après ces derniers, il en parut encore d'autres ; en

moins d'un quart d'heure ils se
trouverént plus de trente ; M.
de la Condamine ne voulant pas
aller parler si tard à cet homme
qui lui envoyoit tant d'Exprès
coup sur coup, se retira sous un
Galtas on nous couchions ; tous
ces envoyés nous y suivirent , &
avoient envie de l'emmener de
bonne volonté ou de force. Nous
nous apperçûmes de leur dessein,
nous prîmes nos Pistolets , & nos
Epées, à dessein de nous défendre s'ils nous avoient fait violence. Nous nous assimes sur un
Relais où étoient nos lits , nous
leurs fîmes entendre que M.
de la Condamine vouloit se coucher, & qu'ils eussent à se retirer;
(je crois que nos armes les intimi-
derent comme on le verra par
la fuite.) Ils sortirent tous , &
quand tout le monde fut retiré
nous nous couchâmes. Le lendemain M. de la Condamine

fut trouver un Aga qui avoit été
dépofé depuis peu , & avec lequel il avoit fait connoiffance
la veille , il lui conta comme l'affaire s'étoit paffée , & le pria de
faire fortir Gaillotte de prifon.
Cet Aga fut trouver le Titaban
à qui les gens qu'il avoit propofé pour nous emmener avoient
fans doute raconté tous les mouvemens que nous avions faits ,
fur quoi le Titaban dit à cet Aga
que fi nous avions tué quelques
Turcs , qu'il auroit fait pendre
Gaillotte. L'Aga lui ayant re-
montré que c'étoit une vindica-
tion de la part du voifin de Gaillotte , & que tout ce que cette
femme lui avoit dit étoit faux ,
le pria de donner élargiffement
à ce pauvre prifonnier ; le Titaban ne voulut point le faire mettre en liberté, que ce pauvre miférable ne lui eût payé une Piaftre , on lui avoit auffi fermé fa

Cave dont on ne lui rendit les clefs qu'en fortant de Prifon.

Ce même jour je fus à bord pour fçavoir quand la Barque feroit en état de faire voile , je trouvai le Capitaine qui étoit à la Marine fort embarraffé pour faire reboucher une voye d'eau qui s'étoit faite de nouveau à fon Bâtiment , & qui en fourniffoit une fi grande quantité qu'il y en avoit pour lors cinq pends fur le Lefte ; il fe préfenta des Grecs qui s'obligeoient , moyennant vingt Piaftres , de mettre la Barque en état de tenir la mer. Ils vinrent à bord dans le tems que j'y étois , & plongerent plus de vingt fois fans pouvoir rien découvrir ; ils firent plufieurs fois le tour du Bâtiment fans trouver l'endroit qui fourniffoit tant d'eau. Le Capitaine voyant qu'on ne pouvoit remedier au déffaut de cette Barque , réfolut d'entrer dans le Port & de mettre fon Bâtiment fur le côté pour le vi-fiter; mais comme il en auroit coûté beaucoup , & que fes Matelots étoient d'une partie du gain avec le Capitaine, & dont quelqu'uns d'eux avoient fans doute connoiffance de l'endroit ou la Barque faifoit eau ; & pré-voyant qu'il leur en coûteroit beaucoup , ils reboucherent la voye d'eau , & vinrent dire au Capitaine qu'elle s'étoit rebou-chée d'elle même ; fur ce rap-port, le Capitaine fe prépara à mettre à la voile le lendemain.

Le dix-huit , jour fixé pour notre départ, nous fûmes aux Bains à quatre heures du matin, d'où étant forti, M. de la Con-damine fe promenant dans la Ville, apperçut dans la Boutique d'un Barbier un paffager Grec de notre bord, qui étant tombé malade quelques jours avant notre moüillage, demanda à aller à terre, efpérant s'y mieux porter. On différa jufqu'à ce jour à lui accorder fa demande. Etant à terre il fe trouva encore plus mal ; il étoit dans la Boutique d'un Barbier, couché par terre fur une natte, lorfqu'il fut vû & reconnu de M. de la Condamine, qui lui demanda ce qu'il faifoit, & pourquoi on l'avoit mis là ; il répondit que ne connoiffant perfonne dans cette Ville, il fe trouvoit fort heureux que cet homme eût bien voulu le recevoir chez lui ; M. de la Condamine en eût pitié, le fit tranfporter chez un Papas Grec, voifin de notre Hôte; & lui demanda s'il étoit déterminé à refter dans cet Ifle, où s'il aimoit mieux fe rembarquer; il répondit qu'il n'étoit pas en état de fupporter la mer, & qu'il avoit à bord foixante Piaftres dont il pria M. de la Conda-

mine

mine de vouloir bien se charger, pour les remettre à Smirne entre les mains du Consul ,
disant que si le Titaban ou le
Cady sçavoient qu'il eut de l'argent, qu'ils le feroient mourir
pour en hériter, & qu'ayant des
freres il étoit plus juste qu'ils
profitassent de cet argent, que
d'autres.

M. de la Condamine chari-
tablement prit un Cheval, fut
à la Marine, & delà se rendit à
bord, où il trouva l'argent que
le malade avoit dit ; il fit son
Billet de cinquante Piastres qu'il
laissa entre les mains du Capitaine, il fit aussi prendre les hardes de cet homme, les lui fit
apporter, & voulut remettre les
dix Piastres restantes de la somme de soixante au Papas Grec,
pour avoir soin du malade ; le
Papas ni personne ne voulut s'en
charger, disant que si la chose

étoit fçûë, on leur feroit un mauvais parti, que c'étoit aú Cady
à qui il falloit remettre & les
hardes & l'argent, ce qui fut
fait dans le moment.

Le Cady ayant fçû que ce
Grec avoit remis de l'argent à
M. de la Condamine, l'envoya
chercher, fous prétexte d'avoir
quelque chofe à lui communi-
quer ; nous y fûmes avec un
Drogmant, nous trouvâmes le
Cady qui étoit dans la Salle du
Divan entouré de plufieurs Janiffaires & autres. Il dit à M.
de la Condamine qu'il ait à lui
remettre cinquante Piaftres qu'il
avoit à cet homme qui reftoit
malade à Baffa. M. de la Condamine lui dit qu'il étoit bien
vrai qu'il avoit cinquante Piaftres à cet homme, defquels il
avoit fon Billet payable au Por-
teur, & qu'il ne les rendroit pas ;
le Cady fit dire que nous ne

partirions point qu'il n'ait reçû les cinquante Piaftres, qu'il ne s'embarraffoit point du papier, & que c'étoit de l'argent qu'il lui falloit; il ajouta de plus, que cet homme étoit Grec, & par conféquent Tributaire du Grand-Seigneur même. M. de la Condamine voyant l'obftination de cet homme, & les injuftes raifons qu'il alleguoit, l'envoya promener & lui dit qu'il alloit partir, & qu'il ne rendroit point l'argent dont il s'étoit chargé.

Nous fortîmes fur le champ & paffâmes chez notre Hôte pour lui payer le tems que nous avions reftés chez lui & y prendre quelques rafraîchiffemens que nous avions achepté ; pendant ce tems le Cady envoya avertir le Titaban de ce qui s'étoit paffé, lequel envoya neuf ou dix hommes pour nous arrêter, & nous dire de lui aller par-

Avanture arrivée à Baffa.

ler ; nous les trouvâmes devant
la porte qui attendoient notre
fortie , nous paffâmes entr'eux
fans toute-fois en être arrétez.
Après avoir defcendu par un petit Sentier qui conduit au grand
Chemin , j'apperçûs M. de la
Condamine qui étoit environ
vingt pas devant moi qui, fe dé-
fendoit l'épée à la main , contre quatre Turcs qui vouloient
l'arrêter ; je jettai par terre toutes les provifions dont je m'étois
chargé , & courûs auffi-tôt le
joindre, je mis l'épée à la main fur
le champ & M. de la Condamine me dit qu'il falloit feulement
les repouffer fans les tuer. Voyant
qu'ils n'apréhendoient pas nos
épées, je fortis un Piftolet de poche que je leur fis voir au clair
de la Lune. A cet afpect ils pouf-
ferent un grand cri & fe fauve-
rent ; nous continuâmes enfuite
notre route. Nous étions tout
au plus à cinq-cens pas de la

Ville, que nous entendîmes
fort proche une nombreuse
troupe, tant à pieds qu'à Cheval, qui venoient fur nous, &
qui ne nous approchoient qu'à
la portée du Fufil ; comme nous
ne pouvions leur échàper en
paffant dans le Village qui eft
bâti fur les ruines de Paphos,
où nous aurions été fans doute
arrêtés, nous paffâmes par des
Jardins pour arriver les premiers
à la Marine, où nous nous ferions emparés de la premiere
Chaloupe pour nous conduire à
notre bord, fans être de nouveau expofés aux infultes de ces
miférables. Auffi-tôt qu'ils nous
crûrent dans le Village, ils pi-
querent leurs Chevaux, & crie-
rent de toutes leurs forces aux
Gardes de ce lieu de nous arrêter ; mais quelle fut leur furpri-
fe ! ne nous trouvant point, ils ne
fçavoient ce que nous étions.

devenus ni quelle route nous avions pris ; ils coururent à la Marine , & ne nous y ayant point trouvés , ils établirent des Corps-de-Gardes fur le bord de la mer , pour nous arrêter , au cas que nous vinffions pour nous embarquer.

Nous arrivâmes proche la Marine , à couvert d'un grand mur qui ferme un Jardin fitué fur le bord de la mer , d'où nous découvrîmes un gros de Cavalerie avec un détachement d'Infanterie qui bordoient la Marine , tous armés de pieds en cap , comme s'ils avoient eu une grande expédition à faire. Il étoit pour lors neuf heures & demi du foir ; à minuit la Cavalerie fe retira au Village & l'Infanterie refta. Pendant le tems que nous reftâmes dans notre embufcade , nous trouvâmes un moyen pour gagner notre bord ;

pour y parvenir, il s’agiſſoit d’en-
lever une Chaloupe d’une des
deux Saïques qui étoient moüil-
lées ſous un Château proche la
Marine.

Ce projet étant formé , nous
ſongeâmes à le mettre en éxécution. Nous prîmes un long dé-
tour pour gagner le bord de la
mer ſans être découverts ; y
étant arrivés , & la mer étant
calme, nous paſſâmes de Rochers
en Rochers pour arriver proche
le Château, & vis-à-vis deſdites
Saïques. Lorſque nous fûmes arrivés où nous déſirions, nous dé-
libérâmes pour lors ſur notre
projet , & ce fut dans ce lieu
qu’il fut réſolu d’achever ce que
nous avions entrepris. Comme
ces Saïques étoient éloignées de
nous de plus de cent pas nous
nous préparâmes à nâger quand
il ſeroit néceſſaire. M. de la Condamine attacha ſur ſon Chapeau

un Livre & plufieurs Papiers ;
j'attachai fur le mien mon Journal & mon Piftolet de poche ;
nous mîmes nos épées en Ban-
doüilleres pour ne point nous
embarraffer , & nous quittâmes
nos Souliers pour nâger avec
plus de facilité. Je me mis le
premier à la mer , pour fonder
le fond , & trouvai qu'il n'y avoit
pas cinquante pas à nâger , je vins
en rendre compte à M. de la Condamine qui ne jugea pas à propos
d'entrer dans l'eau tout habillé , il
voulut quitter fes habits & les
laiffer fur le Rocher où nous
étions , difant que nous vien-
drions les prendre quand nous
aurions la Chaloupe ; je lui repré-
fentai qu'étant nuds en chemifes
nous ferions plûtôt découverts ,
& que le tems que nous employe-
rions à venir prendre nos habits ,
pourroit nous être nuifible ;
qu'au contraire étant tout habillés

lés nous gagnerions le large avec moins de risque ; il persista dans ses sentimens & ne voulut point entendre mes propositions.

Je quittai mon habit avec peine ; il étoit pour lors trois heures du matin quand nous nous mîmes à la mer. Etant arrivés proche les Saïques, nous nous emparâmes d'une Chaloupe dont M. de la Condamine coupa l'Amare de Prouë , & moi celle de Poupe. La Chaloupe étant à nous, je la tins d'un côté pendant qu'il monta dedans par l'autre. Comme il n'y avoit ni Rames ni Avirons, je la poussai droit au Rocher où étoient nos habits. Nous n'étions pas à dix pas de le Saïque , que le Sentinel qui étoit sur les Tours du Château nous apperçût, & cria en Grec *Poupaïs*, c'est-à-dire, *où allez-vous?* Ne sçachant point lui répondre, il recommença encore une fois,

& voyant qu'on ne lui répondoit
point, il cria aussi-tôt *allerte*;
l'Equipage des Saïques s'éveilla,
& ayant couru aux armes, ils nous
faluerent à grands coups de Fufils, en nous prenant pour Corfaires, & à la faveur des coups nous
embarquâmes nos habits : M. de
la Condamine me dit de monter dans la Chaloupe & de nous
mettre au large. Mais comment,
& par quel moyen conduire une
Chaloupe fans Rames ni Avirons, ni fans même un bout de
Planche pour la faire voguer ?
Comme M. de la Condamine
avoit fait connoiffance à terre
avec le Caravachery ou Capitaine des Saïques, je crûs qu'il
feroit plus prudent de remener
la Chaloupe à fon Bâtiment, que
de refter expofé fans pouvoir
s'éloigner du feu de deux Saïques & de celui du Château d'où
l'on tira un coup de Canon à

boulet; malgré M. de la Condamine je pouſſai la Chaloupe proche ſon Bâtiment, dans l'eſpérance que le Capitaine nous fourniroit les moyens de gagner notre bord. En arrivant on tira encore ſur nous trois coups de Fuſils, pour ainſi dire, à bout touchant, ſans toutes fois nous bleſſer. En abordant ce Bâtiment nous fûmes reçûs à coups de bourades, & fort maltraités par les gens de l'Equipage; malheureuſement le Capitaine étoit reſté à terre cette nuit-là; & quelques propoſitions que M. de la Condamine ait faites à ces miſérables, ils n'en voulurent écouter aucunes.

Pendant que toutes ces choſes ſe paſſoient, les Turcs qui faiſoient Garde ſur le bord de la mer, ſe jetterent dans des Chaloupes, & vinrent le Sabre à la main aborder la Saïque ſur laquelle nous étions, & nous ne fîmes pour lors aucune réfistan-ce. Ils nous faifirent en nous maltraitant avec des cordes dont ils nous lierent, & fe jetterent fur nous au nombre de plus de trente pour faire cette belle ex-pédition ; ne voulant point nous laiffer lier, ils nous accabloient de coups. Je croyois les Turcs plus robuftes & plus forts, peut-être ceux-ci, quoique gros & grands, étoient du nombre des foibles ; car à plufieurs reprifes nous les avons renverfés & é-tendus fur le Pont, il fallut en-fin céder au grand nombre. Ils nous lierent les bras derriere le dos & nous firent defcendre dans une Chaloupe pour nous mener à terre. Etant tout moüillés nuds en chemifes & fans Souliers, nous obtinmes par grace de met-tre nos habits, ce qui nous fût accordé.

Les Valets-de-Chambre qui nous habillerent s'y prirent d'une maniere affez finguliere ; ils d'é-tacherent d'abord un bras qu'ils pafferent dans la manche de l'ha-bit , & avant que de détacher l'autre , ils détachoient celui-ci , enfuite nous relierent comme la premiere fois. Cette cérémonie étant faite , ils en recommence-rent une autre ; ils nous attache-rent à côté l'un de l'autre , & un homme derriere nous nous conduifoit avec une corde qui étoit attachée à celles qui nous lioient ; en un mot, il fembloit que nous étions des Criminels que l'on conduifoit au Suplice. Nous avions environ foixante hommes d'efcorte , fans compter une trentaine que nous rencontrâ-mes enchemin qui venoient pour donner main forte en cas de befoin.

Nous fûmes donc conduits à

la Ville dans ce bel équipage ;
nuds pieds, tout moüillés & dans
un état pitoyable. Etant arrivés
chez le Titaban, on ferma toutes les portes, & on nous délia.
Nous fimes faire du feu pour nous
réchauffer en attendant le réveil
de ce Magiſtrat, qui ſe leva à cinq
heures du matin ; il envoya chercher le Drogmant , & auſſi-tôt
qu'il fut venu, M. de la Condamine demanda au Titaban ſi
c'étoit par ſon ordre qu'on nous
avoit liés & garottés, en un mot,
ſi c'étoit lui qui avoit ordonné
qu'on nous maltraitât de la ſorte :
il répondit que non , & qu'il
avoit ſeulement ordonné à ſes
gens de nous dire de lui aller
parler , qu'il étoit fâché qu'on
nous eût ainſi maltraités , & qu'il
feroit punir ceux qui nous avoient
tant fait de violences. M. de la
Condamine lui dit de le faire
en ſa préſence ; il repliqua de

rechef qu'il le feroit. Il nous demanda si nous n'avions rien perdu, & fit plusieurs autres questions. Après tous ces mauvais raisonnemens, M. de la Condamine lui demanda si c'étoit là toute la Justice qu'il prétendoit nous rendre ; il répondit encore qu'il feroit punir les coupables & ne le voulut point faire en notre présence ; il parla ensuite des cinquante Piastres dont il étoit question. M. de la Condamine lui dit qu'il ne les rendroit point. Il fit plusieurs menaces inutiles pour avoir l'argent ; & lorsqu'il eut cessé de parler, M. de la Condamine lui dit qu'il alloit partir pour Constantinople, & que ne nous donnant aucune satisfaction au sujet des mauvais traitemens de ses gens, qu'il le feroit punir, puisqu'il ne sçavoit pas punir les autres, qu'il pouvoit le tenir pour affûré, parce qu'il étoit homme de parole. Le Titaban fit pour lors des excufes, & nous fit donner des Chevaux pour nous condui-à la Marine; à l'égard de l'argent, M. de la Condamine ne le rendit qu'à Smirne.

Nous arrivâmes à notre bord dans un fi trifte état, que le Capitaine refta tout interdit en nous voyant nuds pieds, tout moüillés & meurtris de coups : pendant le refte du jour nous fimes fécher nos habits, ne pouvant en changer, d'autant plus que nous n'en avions point d'autres.

Départ de Baffa.

Le même foir nous fimes voile avec très-peu de vent, & nous nous éloignâmes avec plaifir de Baffa où nous fûmes fi baffoüés.

Le dix-neuf nous eûmes un petit vent de Nord-Oueft qui nous étoit contraire. Ce même jour il mourut un Turc fur notre bord, qui étoit Pellerin de la Mecque ; on le lava, & on l'enfevelit dans un linge neuf. Il y avoit un Aga qui fit les fonctions d'Aumônier. On mit le mort à bas-bord de la Barque, & l'Aga avec fix autres firent la priere proche le Cadavre, en levant plufieurs fois les mains au Ciel ; & les mettant enfuite fur leur barbe, ils difoient, *c'étoit un bon homme ; il a toûjours bien vêcû, jettez-le, Dieu lui faffe faire un bon voyage.* On prit le mort par les pieds & par la tête fans lui attacher rien de lourd aux pieds pour le faire couler à fond; on le jetta à la mer, & nous le vîmes encore plus d'un heure après flotter fur l'eau.

Le vingt, le vent varia & nous fut toujours contraire. Il mourut encore un autre Turc auquel on fit la même cérémonie qu'au premier.

Le vingt-un nous eûmes toute
la journée un tems variable ; la
nuit le vent ayant fraîchi, on
ferra des voiles au cas d'Orage;
à onze heures le vent ayant
doublé, on amena les Perroquets
& Huniers en même-tems , le
reste de la nuit nous courûmes
avec les basses voiles.

Tempête. Le vingt-deux , jour d'Equi-
noxe , le même vent de Nord-
Ouest s'étant encore renforcé ,
nous fit essuyer des coups de
mer effroyables, il sembloit que
le Vent, le Tonnere, la Pluye,
la Grêle, & les Eclaires s'étoient
donnés rendez-vous entre l'Isle
de Chypre & la Caramanie où
nous étions pour lors dans un
danger aussi évident qu'il en
puisse être. Il arriva un malheur
qui fit, pour ainsi dire, perdre
toute espérance au plus fier de
l'Equipage de revoir jamais la
Terre. Ce fut notre Pompe qui

caſſa, & en moins de deux heures nous avions quatre pieds
d'eau ſur le Leſte, ſans pouvoir
y remédier; le Capitaine, quoiqu'homme expérimenté, & ſça-
chant à fond ſon métier, étoit
auſſi embarraſſé que le dernier
Matelot. Les coups de mer ſi
forts & ſi ſouvent redoublés, nous
faiſoient craindre que notre Barque ne s'ouvrit à la mer, ou de
ſombrer ſous voiles. Comme
dans toutes occaſions il faut prendre ſon parti, le Capitaine fit
virer de bord vent arriere pour
faire échoüer ſon Bâtiment ſur
les Côtes de Caramanie & ſau-
ver l'Equipage. Pendant tout
ce gros tems, les paſſagers Turcs,
ainſi qu'une partie des Matelots,
étoient ſi malades qu'ils ne pouvoient être d'aucun ſecours pour
la manœuvre. M. de la Condamine, le Capitaine & moi, nous
travaillions en bas, & trois ou

quatre matelots manœuvroient
en haut. A neuf heures du soir
nous arrivâmes dans le fameux
Golphe de Satalie, si renommé
par la quantité de Bâtiments qui
y ont péris. Etant prêt à mettre
la Barque à terre, le vent changea tout à coup & nous devint
favorable. L'Équipage reprit
courage , on racommoda la
Pompe , & nous sortîmes du
Golphe vent arriere aussi promptement que nous y étions entrés.
Nous fîmes jouër notre Pompe
pendant plus de trois heures pour
vuider l'eau que notre Barque
avoit fait.

. Etant fatigué de la mer & du
travail , & après que nous eûmes
doublés le Cap Calcedonia , je
me couchai sur un coffre qui me
servoit de lit dans la Chambre
du Capitaine , où M. de la Condamine étoit couché dans une
espece de boëte à Perruque , sans

draps ni couvertures. Il eſt vrai
que le Capitaine n'étoit pas
mieux couché. Je dormois de
bon cœur ſur mon tendre lit ,
lorſque je fus éveillé par un coup
de mer ſi terrible , qu'il me fit
ſauter du haut en bas de mon
coffre qui enſuite roula ſur moi,
ainſi que pluſieurs Balots , je crus
que tout ſe détachoit de la Chambre pour m'accabler , juſqu'aux
Livres , chandeliers ; en un mot,
je n'étois exempt de rien. Je
commençois à me débarraſſer de
tant de fardeaux , lorſque M. de
la Condamine qui étoit reſté ſur
le Pont , entra dans la Chambre
& me demanda comment je pou-
vois dormir ſi tranquillement
lorſque nous venions de man-
quer à périr ; je fus très-charmé
d'apprendre une ſi heureuſe nouvelle , & je me conſolai facilement des contuſions que je
reçûs dans ma chûte. Je fus ſur

le Pont où je trouvai les coups
de mer plus violents que ceux
que nous avions eû pendant tout
le jour, la mer étant agitée par
le vent de Nord-Oueſt qui avoit
régné au large pendant tout le
jour & une partie de la nuit, &
par le vent du Sud qui régnoit
pour lors dans le Golphe d'où
nous ſortions, faiſoit deux vagues
contraires qui, s'oppoſant l'u-
ne à l'autre, s'élevoient fort
hautes ; & étant pouſſées par force égale, ſe briſoient avec violence ; & à huit heures du matin
nous reſtâmes en calme ſans pouvoir gouverner.

Le vingt-trois, au coucher du
Soleil, nous découvrîmes l'Iſle
de Rhodès où nous n'arrivâmes
que le vingt-huit à quatre heures
du ſoir. Auſſi-tôt que nous eûmes
pris Port, nous débarquâmes a-
vec plaiſir pour quitter ſans re-
gret un ſi mauvais Equipage, ſur

lequel nous avions tant risqués &
soufferts d'incommodités.

Nous fûmes conduits chez M.
de la Couture, Consul de France,
qui nous reçut très-bien.

Le lendemain vingt-neuf ;
pour traverser l'Archipel & nous
conduire à Smirne , M. de la
Condamine nolisa un petit Bateau conduit par trois hommes ,
qui ne portoit qu'une petite Voile Latine. M. de la Couture nous
prêta un matelât & une couver-
ture pour nous coucher , & nous
prîmes des provisions nécessaires
pour ce trajet , qui consistoient
en Pain , Vin & Volailles vivan-
tes.

La Ville de Rhodès, Capitale   Descrip-
de l'Isle de ce nom , est située tion de
au bord de la mer sur la pente Rhodès.
d'une coline dans la partie Sep-
tentrionale de cet Isle. Elle est
environnée de cotteaux pleins
de sources d'eau vive , elle avoit

autrefois une double enceinte
de murailles fortifiée de plusieurs
grosses Tours ; le quartier où
demeuroient les Chevaliers, étoit
le plus fort ; car outre que la
mer l'enfermoit au Septentrion
& à l'Orient , il étoit défendu
par des Bastions & par des Tours.
Le Port est fermé par deux Mo-
les , qui s'approchant l'un de l'autre ne laissoient d'espace entr'eux,
que pour passer un Vaisseau.
L'entrée est fortifiée de deux
Tours bâties sur deux Rochers
où fut mis autrefois le fameux
Colosse d'Airain qui a passé
pour une des sept merveilles du
monde. Cette grande Statuë du
Soleil étoit haute de soixante-dix
coudées , & avoit été faite par
Charés éleve de Lysippe , elle
avoit un pied sur une de ces
pointes du Rocher & l'autre
pied sur la pointe de l'autre Rocher, de sorte qu'un Navire pas-

soit

foit à voiles déployées entre les jambes du Coloſſe , lorſqu'elle fût abbatuë par un tremblement de Terre ; Moavie, Sultan des Sarrazins , fit charger ſoixante-douze Chameaux de ſes débris.

Nous partîmes à cinq heures du ſoir dans notre petit Bateau, le tems étant calme , nos trois Grecs ramerent juſqu'à dix heures du ſoir que nous nous arrêtâmes ſous un Cap dans un petit enfoncement où nous mîmes pieds à terre , & nous y allumâmes du feu pour faire la Soupe. Après ſouper nos Mariniers dormirent juſqu'à trois heures après minuit que nous partîmes, & ramerent comme ils avoient fait la veille. Comme ces petits Bateaux vont à la voile & à la rame , nous ne perdions point de tems ; quand il faiſoit du vent on mettoit la voile , & quand nous étions en calme on ramoit.

Départ de Rhodès.

Y

Tous les foirs nous abordions une Iſle où nous faiſions de la ſoupe avec les poules que nous avions embarqués. Le ſoir nous mangions ladite ſoupe & environ un quartier de la volaille, le reſte nous ſervoit pour dîner le lendemain.

Le 3 Octobre nous moüillâmes proche l'Iſle de Samos, où nous paſſâmes la nuit & une partie du jour, le lendemain nous parcourûmes une partie de cette Iſle où nous trouvâmes un Arbre qui porte du fruit rouge d'un goût exquis, & un peu plus gros qu'un bigareau. A quatre heures du ſoir nous levâmes l'Ancre, & à ſept heures nous paſſâmes la bougade ou détroit de Samos ; nos Grecs y vouloient moüiler & y coucher, parce qu'ils ne ſçavoient pas poſitivement où étoit Scala-Nova où nous voulions débarquer ; le vent étant bon, nous les obligeâmes de continuer leur route; comme la nuit étoit fort obscure , nous passâmes cette Ville d'une demie lieuë , & nous jettâmes l'Ancre dans ce lieu pour y attendre le jour.

Le lendemain nous arrivâmes à Scala-Nova à neuf heures du matin , nous débarquâmes notre Porte-Manteau qui faisoit tout notre équipage,&nous prîmes des Chevaux pour aller à Smirne d'où nous ne croyons être éloignés que de huit lieuës , suivant la Carte de M. Berthelot. Nous rencontrâmes dans la Ville un Vénitien qui nous assura que les Vaisseaux du Roy étoient encore à Smirne.

Scala-Nova est bâtie proche Ephese que nous aurions été voir, ou du moins les ruines, si nous n'avions été pressés d'arriver à Smirne pour y rejoindre cette Escadre.

Ce même jour cinq Octobre, nous partîmes de cette Ville à midi avec un Turc pour nous conduire, dans le deſſein d'aller coucher à Smirne. Aprés avoir marché pendant huit heures ſans mettre pieds à terre à travers bois & taillis qui ſont ſur la droite de Dourlac, & dont une partie de la Natolie eſt remplie, nous croyons être proche Smirne, lorſque nous arrivâmes à une portée de Fuſil d'un Village pro-che lequel une Caravane s'étoit arrêtée pour y coucher ; dans ce même lieu notre Guide mit pied à terre pour ſouper lui & ſes chevaux. M. de la Condamine voulut le faire marcher, comptant arriver dans peu de tems ; ce Turc qui ne ſçavoit autre langue que celle de ſon Pays, ne pouvoit ſe faire entendre. Il ſe trouva un Grec de la Caravane qui parloit Italien, qui nous aſſûra

que nous n'avions fait que la
moitié du chemin, & que quand
même nous continuerions notre
route, nous n'arriverions à Smirne qu'à quatre heures du matin.
M. de la Condamine se rendit
aux justes raisons que cet homme
allegua ; nous mîmes pieds à
terre, & comme nous n'avions
pas encore diné & qu'il étoit
l'heure de souper, je fus au Village où je ne trouvai que des
œufs & du pain : nous soupâmes
dans le Bois proche un feu que
les Caravaneurs avoient fait, où
nous fimes cuire nos œufs dans
la cendre ; après souper nous
dormîmes chacun à notre tour
environ une heure. A onze heures nous fimes partir notre Guide, & nous arrivâmes à Smirne
à six heures du matin ; les Vaisseaux s'étoient déja tirés au large
& étoient à pics depuis trois
jours, & n'attendoient que le
vent pour partir.

A notre arrivée chez M. de Pelleran, Conful de France, nous prîmes une Chaloupe pour nous conduire à bord des Vaiſſeaux. Le Pilote de quart voyant arriver notre Canot, nous reconnut avec ſa Lunette d'approche, & courut ſur le champ avertir Meſſieurs les Officiers de notre arrivée ; les uns parurent ſur le Pont en Robe-de-Chambre , d'autres, pour ainſi dire, en chemiſes couroient pour nous voir arriver ; en un mot, je ne puis exprimer la joye que tout l'Equipage témoigna à notre arrivée, il ſembloit qu'il falloit tuer le Veau gras pour ſe réjoüir de notre préſence. Tout le monde avoit crû par notre longue abſence que nous avions été aſſaſſinés dans notre Voyage de Terre Sainte , ou péris dans notre traverſée.

Nous fîmes à bord des pré-

fens de Pellerins, qui confiſtoient
en Croix & Chapelets de Jéruſalem. Nous dînâmes à bord , &
à quatre heures le vent étant
devenu bon, le Commandant fit
ſignal d'appareiller & tira le coup
de partance. Nous ne ſortîmes
du Vaiſſeau que lors qu'il fut
prêt à forcer de voiles ; on avoit
eû la précaution de débarquer
notre Equipage que l'on mit
chez M. Saint-Amant, Marchand
François, établi dans cette Ville.

Nous revînmes à terre fort
contents d'être arrivez ſi à propos , malgré le mauvais tems &
tous les évenemens qui nous
avoient retardés.

Si les Vaiſſeaux euſſent mis à
la voile pour la France avant
notre arrivée , & qu'ils euſſent
emportés nôtre Equipage , il eſt
certain que nous aurions été aſ-
fez embarraſſés pendant quelques
jours ; car je ne crois pas qu'il

fut jamais d'hommes si mal équi-
pés que nous étions à notre arrivée à Smirne. Nos habits étoient
tout déchirés à force de coucher sur la dure, nos cheveux
éparts & fort mal arrangés, nos
chapeaux tous couverts de pouf-
fiere, nos guêtres toutes déchi-
rées &, pour ainsi dire, nous étions
nuds pieds. Pour mieux assortir
mon habillement j'avois mon
épée nuë à mon côté en ayant
perdu le foureau dans les bois
de la Natolie pendant la nuit ;
l'on peut juger si dans cet équipage nous n'aurions été obligés
de garder la Chambre plusieurs
jours.

Les Vaisseaux étant partis pour
la France, M. de la Condamine
ne chercha que l'occasion de
passer à Constantinople, & il ne
s'en présenta point d'autre que
celle du Capitaine Artault qui
devoit partir dans huit jours
avec

avec le Conful, & deux Députés de la Nation, pour aller traiter des affaires du Commerce avec M. de Villeneuve, Ambaſſadeur de France à la Porte, nous atten- dîmes juſqu'à ce jour pour partir.

Pendant notre ſéjour à Smir- ne, nous fûmes voir un Château que l'on nomme les Bains de Dianne; il eſt ſitué ſur une mon- tagne fort eſcarpée, & eſt totale- ment abandonné, il n'y reſte plus que quelques Tours, peu de For- tifications, & une grande encein- te de murailles, au milieu de la- quelle eſt une Moſquée que l'on dit avoir ſervi d'Egliſe aux Ge- nois. Il y a pluſieurs Cyternes voûtées qui ſont à ſec. Elles ſont longues & forment pluſieurs Galleries ſoûtenuës de gros pil- liers quarrés de cinq à ſix pieds dépaiſſeur. A côté de la Porte eſt une tête de Marbre blanc, qu'on dit être le Portrait de l'A-

Z

mazone Smirne qui a donné son nom à la Ville. Du haut de cette montagne on découvre & la Ville & la Rade, & même une partie du Golphe. Il n'y a point de Port à Smirne, mais la Rade est aussi fermée & aussi sûre qu'un Port.

Smirne Ville de Natolie, situêe au fond d'un Golphe auquel elle donne son nom, est bâtie en Amphitéatre sur la pente d'une Coline qui regarde l'Occident, elle est encore fort grande quoiquelle ait été ruinée en partie, ce que l'on voit aisément par les restes des Edifices anciens qui s'y voyent. Elle est fort peuplée, & contient environ cinquante mille Turcs, douze mille Grecs, sept mille Arméniens, six ou sept mille Juifs. A l'égard des Marchands Chrétiens d'Europe qui y font tout le commerce, le nombre n'en est pas grand.

Chacune de ces Nations y a l'é-
xercice de fa Religion libre ;
les Turcs ont à Smirne quinze
Mofquées, les Juifs fix Synago-
gues, les Latins y ont trois Egli-
fes, les Grecs deux, & les Arméniens une. Les Capucins François y ont un fort beau Couvent
qui leur fert de Paroiffe, où ils
font les fonctions Curiales ; il
y a auffi des Jéfuites François,
& des Obfervantins où Cordeliers Italiens, les Turcs, les
Grecs, les Juifs & Arméniens
demeurent fur la Coline, & tout
le bas qui eft du long de la mer,
eft habité par les Francs ou
Chrétiens d'Europe, qui font
François, Italiens, Anglois, Hol-
landois ; chaque Nation a fon
Conful ; il s'y fait un grand commerce en Soye, Cotton, Huile,
& Bled ; les Confuls ainfi que
plufieurs Marchands ont des
Galleries derriere leurs Maifons,

qui s'avancent dans la mer; en tems de peste ils se renferment chez eux , & traitent de leurs affaires avec les Capitaines des Vaisseaux Marchands qui viennent dans leurs Canots sous les Galleries , sans autre communication.

La liberté est si grande dans cette Ville , que plusieurs Marchands ont des Maisons de Campagne , & vont à la Chasse quand bon leur semble , sans courir aucun risque.

Départ de Smirne.

Notre départ étant fixé au 16 dudit mois , ce même jour après souper , nous nous embarquâmes sur le Vaisseau le Grand Alexandre, commandé par le Capitaine Artault. Toute la Nation se rendit à bord pour accompagner M. le Consul & prendre congé de lui ; aussi-tôt que nous fûmes embarqués on appareilla, à minuit nous étions sous voiles.

Le 17. au point du jour nous doublâmes les Isles Dourlac. Le vingt ayant doublé le Cap Babba, le Vent de Nord s'éleva avec tant de violence, que nous fûmes obligés d'y relâcher.

On jetta l'Ancre à dix heures du matin, l'après-midi nous fûmes à terre. Il y a un petit Village portant le nom de ce Cap, & un Château pour la garde des Bâtimens qui y moüillent. On y pourroit faire un bon Port qui paroît être commencé depuis long-tems ; mais la paresse & la négligence des Turcs, fait croire qu'il ne sera pas fini si-tôt.

Le lendemain 21. le Vent ayant cessé, nous mîmes à la voile ; le vingt-trois nous doublâmes l'Isle de Tenedos, & étant par son travers nous vîmes la Côte & même le lieu où l'on cite l'ancienne Troye ; il y a un petit enfoncement que l'on dit avoir été autrefois le Port de cette célebre Ville. A dix heures du matin nous doublâmes le Cap des Janiffaires qui fait la pointe de la Côte de la Troyade. Etant prêts d'entrer dans le détroit des Dardanelles, le Vent changea & devint Nord , ce qui nous obligea de moüiller à l'entrée de ce Canal.

Le vingt-quatre & le vingt-cinq le Vent continua toujours Nord ; ce même jour nous fûmes chaffer fur le Bofphore de Trace où nous tuâmes beaucoup de Gibier.

Le vingt fix , voyant que le Vent ne changeoit point , M. de la Condamine prit le parti de quitter le Vaiffeau , & d'aller plûtôt par terre à Conftantinople, que de refter à l'embouchure de ce détroit à la difcretion du Vent de Nord , qui fouvent regne dans ces Parages pendant un mois, & quelques fois plus.

Ce même jour nous quittâmes le Vaiſſeau à onze heures du matin, nous prîmes une Saïque pour nous conduire aux Châteaux des Dardanelles où nous avons un Vice-Conſul.

Il y a deux Châteaux qui dé- Châteaux des Dar-
dannelles. fendent l'entrée de ce Canal, dont l'un eſt en Aſie & l'autre en Europe. Il y a des Batteries de Canons établies ſur des Plattes formes pour tirer à fleur d'eau ſur les Vaiſſeaux qui entreroient ou ſortiroient malgré les Gouverneurs des Châteaux. Ces Canons ſont d'une groſſeur prodigieuſe & portent cinq cens livres de Balles, les Boulets qui ſont de marbre, ont deux pieds $\frac{1}{3}$ de diamettre ; au Château d'Europe il y a vingt-cinq embrazures ; au Château d'Aſie, quatorze de face à la mer, &

huit fur le flanc du côté du dé-troit. Les Batteries, de face à la mer, me paroiffent d'une foible défenfe, quoiqu'elles foient de gros Canons, qui n'étant affurés que fur des pierres, ne font, pour ainfi dire, en état que de tirer un coup, d'autant plus que l'on employeroit plus de tems à les remettre, qu'il n'en faudroit à dix Vaiffeaux pour paffer.

Le vingt-fept M. de Valnet, Vice-Conful, nous fit donner un petit Bateau pour nous conduire à Gallipoly, diftant des Darda-nelles de dix lieuës.

A deux heures après midi nous partîmes des Dardanelles, & paffâmes proche Seftos & Abbidos, que M. Spon cite fur le bord de ce détroit à deux lieuës des Châteaux; à cinq heu-res les Turcs qui nous condui-foient, s'arrêterent du côté d'Eu-rope proche Zemenie, qui étoit ſituée ſur la croupe d'une montagne où l'on voit encore des pends de murs fort exauçés. On prétend que c'eſt la premiere Place que les Turcs conquirent en Europe en 1356. Nos Rameurs étant rafraîchis, nous continuâmes notre route, bordoyant toujours la Côte, pour ne pas être entraînés par les courans ; à huit heures du ſoir nous paſſâmes proche une Felouque qui étoit à l'Ancre ; auſſi-tôt que nous fûmes paſſés, elle partit & ſembloit nous donner la chaſſe ; nos Mariniers s'efforçoient de ramer pour éviter d'être joints par cette Felouque, qui de ſon côté faiſoit ſon poſſible pour nous joindre. A neuf heures nous trouvâmes un Banc de Sable qui nous arrêta quelques-tems, ce qui fit que la Felouque nous devança ; ceux qui étoient dedans ſe mocquerent en paſſant de la mal adreſſe

de nos Rameurs; les mocqueurs
ne furent pas long-tems fans
être mocqués; ils ne nous avoient
pas devancés de cinq cens pas,
qu'ils rencontrerent à leur tour
un Banc de Sable qui les arrêta
plus long-tems que nous; en
paffant auprès d'eux, nos gens
leur rendirent la pareille. Cette
efpece de chaffe n'étoit uniquement que pour arriver les premiers au Port, pour avoir la
meilleure place, & la plus commode

A dix heures du foir nous arrivâmes à Gallipoly, nous fûmes conduits chez un Juif qui
a des correfpondances avec M. de
Valnet, & nous couchâmes chez
lui. Le lendemain le vent étant
contraire, nous renvoyâmes notre Bateau. M. de la Condamine
ne voulant plus être le jouët des
flots, prit des Chevaux pour aller
à Rodofto, diftant de Gallipoly,
de vingt-quatre lieuës

Nous partîmes de Gallipoly, le vingt-huit à neuf heures du matin. Après avoir traversé un Pays assez bien cultivé, nous passâmes dans un Bois où les chemins étoient très-mauvais, & paroissoient n'être pas beaucoup pratiqués ; à sept heures du soir nous arrivâmes dans un Village nommé Vehtora, où nous couchâmes.

Notre Guide nous mena chez un Turc de ses amis qui paroissoit un parfait honnête homme. Il nous donna à souper du mieux qu'il lui fut possible ; quoique leur Loi défende le Vin, celui-ci en avoit chez lui qui, à la vérité étoit fort mauvais ; il nous donna pour Matelats & Lits, les Nattes sur lesquelles nous étions assis.

Le vingt-neuf, à deux heures du matin, nous prîmes congé de notre Hôte, & arrivâmes à un

Village nommé Hertiou, où notre Guide s'arrêta pour prendre
du Sorbet en attendant le jour,
à midi nous arrivâmes à Enegi-
que dans un Caravanferail où
nous dinâmes, le même jour
nous arrivâmes à Rodofto à fix
heures du foir, nous defcendîmes
au Palais du Prince Ragodtki où
nous fûmes très-bien reçus.

Comme il part tous les jours
des Saïques Grecques qui portent du Bled à Coftantinople,
nous nous embarquâmes le même foir, après fouper, fur un de
ces Bâtimens, les Gentils-hommes du Prince nous accompa-
gnerent jufqu'à notre-bord, &
nous recommanderent au Patron
de la Barque.

Le trente, nous ne fîmes que
louvoyer fans faire beaucoup de
chemin, il fembloit que le Vent
contraire ne foufloit que pour
nous. Le trente-un le Vent ayant

fraîchi, & faisant beaucoup de Mer, nous fûmes obligés de mouiller vis-à-vis Sanstephano, & à midi on jetta l'Ancre. A onze heures du soir le Vent & la Mer s'étant calmés, nous mîmes à la voile & arrivâmes à Constantinople le premier Novembre, jour de la Toussaint.

Aussi-tôt que nous eûmes pris terre nous nous fîmes conduire au Palais de France, chez M. le Marquis de Villeneuve, Ambassadeur pour le Roy à la Porte. En passant par Galata, nous vîmes le dégât que le feu y avoit causé quatre mois avant notre arrivée. L'Incendie fut si grande qu'il y eut près de dix mille Maisons de réduites en cendres. Je ne suis pas surpris que le feu y fasse tant de fracas, les Maisons n'étant bâties que de Bois peint par dedans & par dehors, les Ruës fort étroites,

& les Maifons très-proches l'une de l'autre ; de forte que dans un moment, pour le peu qu'il y ait de vent , il fe confomme une infinité de Maifons, & même un nombre plus grand que celui que j'ai cité.

Etant arrivés au Palais de France ; M. de la Condamine fe fit conduire chez M. Icard, Secretaire de Son Excellence, qu'il avoit connu à Paris , & duquel il fut très-bien reçu; il fut dans le moment préfenté à M. l'Ambaffadeur à qui il remit des Lettres dont il s'étoit chargé en France ; on lui fit donner un Appartement au Palais, où nous reftâmes pendant notre féjour à Conftantinople.

Le cinq, le Prince Serbatoff, Ambaffadeur extraordinaire de Mofcovie,fit fon entrée publique dans cette Capitale. Tous les Miniftres envoyerent à la fuite

Entrée du Prince Serbatoff.

de cette Excellence leurs E-
cuyers, avec des Chevaux de
main richemeut harnachés.

Cinquante Janiſſaires com-
mençoient la marche, enſuite
vingt-cinq Chaoux en habits &
Bonets de cérémonie ; après
ceux-ci marchoit l'Ecuyer de
l'Ambaſſadeur de France avec
quatre Chevaux de main, enſuite
les Ecuyers des Ambaſſadeurs de
Veniſe, d'Angleterre, & d'Hollande, & ceux du Réſident d'Allemagne & de Moſcovie, quatre Valets-de-Chambre du Prince
en habits uniformes, précédoient
ceux-ci, & deux Pages portant
ſa Livrée ; après marchoient les
Valets de Pieds de l'Ambaſſadeur ; huit Grecs habillés à la
longue, marchoient des deux côtés du Cheval de l'Ambaſſadeur,
enſuite ſon Secretaire & quelques Gentils-hommes ; pluſieurs
Chariots couverts qui pouvoient

avoir servi au transport de son Equipage, fermoient la marche.

Huit jours après, ce même Ambassadeur eut Audience du Grand-Seigneur, il pria Messieurs les Francs de l'accompagner dans cette cérémonie pour grossir son Cortege; nous eûmes l'honneur de nous y rendre, ainsi que nombre de Négocians & autres.

Nous partîmes de Galata à quatre heures du matin, avec le Prince, le Résident & toute sa suite, nous nous embarquâmes pour traverser le Port, dans des Saïques qui étoient destinées pour ce sujet; étant arrivés à la Marine où étoient les Chevaux que le Sultan avoit envoyé pour l'Ambassadeur & sa suite, nous attendîmes le Chaoux Bachy qui fait les fonctions d'Introducteur, qui n'arriva qu'à sept heures; à son arrivée nous montâmes à

Cheval

Cheval , & on commença la marche , ainsi qu'il suit.

Le Chaoux Bachy prit la droite de l'Ambassadeur qui étoit monté sur un Cheval blanc , richement harnaché ; la Housse qui pendoit jusqu'à terre, étoit de Velours cramoisi brodé en or ; la Bride & les Rennes étoient dorées & ornées de quantité d'Emeraudes ; toutes les Housses des autres Chevaux étoient brodées en or ou argent.

Les Janissaires marchoient les premiers, ensuite la maison du Prince & celle du Résident de Moscovie. Le Prince ayant à sa gauche le Résident , & à droite le Chaoux Bachy, précédoient ceux-ci ; après marchoient tous les Gentils-hommes de sa suite & tous les Francs qui voulurent aller à cette Audience.

Nour arrivâmes à sept heures & demie devant la porte du

Grand-Vifir , où nous attendîmes jufqu'à ce qu'il fut parti
pour fe rendre au Serail & y
recevoir l'Ambaffadeur.

A huit heures nous continuâmes notre marche , & arrivâmes
au Serail à neuf heures. Après
avoir traverfé la premiere Cour,
nous mîmes pieds à terre à la
Porte de la feconde , où les Pal-
freniers du Grand-Seigneur prirent nos Chevaux. On nous fit
attendre environ un quart d'heure proche cette Porte , enfuite
on nous fit entrer. Les Janiffaires de la garde du Sultan , étoient
rangés en haye dans ladite Cour ,
où l'on avoit mis leur Peleau par
terre dans des Ecuelles de Bois,
éloignées des rangs d'environ
cent pas. Lorfque nous fûmes
entrés dans la Cour , & vis-à-vis
de la Troupe , ils commence-
rent à courir à la Soupe de toutes leurs forces , & fe culbutoient

l'un fur l'autre pour la ramaffer; on peut bien s'imaginer que la plûpart des Ecuelles furent renverfées , & que plufieurs Soldats eurent le vifage barboüillé , fans toute-fois avoir rien mangé. L'on dit que quand ils ne courent point au Peleau, & qu'ils viennent à pas lents renverfer les Ecuelles, que c'eft une marque de mécontentement , d'où il s'en fuit fouvent une révolte ; & qu'aucontraire quand ils y courent, comme je viens de le dire, c'eft qu'ils font contens du Sultan & du Vifir. Ce même jour étoit jour de Paye qui fe fait toutes les deux Lunes.

Son Excellence fut conduite à la Salle du Divan , où étoit le Grand-Vifir qui jugea plufieurs Procès & fit la paye aux Janiffaires avant que de donner Audience à l'Ambaffadeur.

Il décide une caufe fur la

Jugemens du Vifir.

A a ij

lecture de deux Requêtes qui lui sont présentées par les Parties, & prononce le jugement, sans qu'il soit question d'autres opinions que la sienne.

Après que sept ou huit Procès furent jugés en moins d'une heure, on fit apporter dans la même Salle du Divan, quatre ou cinq cent Bourses ou Sacs de Cuir, contenant chacun 1500. livres de notre Monoye. Le tout étant apporté, deux Chaoux les arrangerent par terre, au nombre de vingt-cinq à la fois, devant la Porte de la Salle du Divan, pour le payement de chaque Compagnie.

Lesdits Sacs ainsi arrangés, l'un de çà, l'autre de là, un détachement de Janissaires d'environ cinquante hommes, étant éloignés des Bourses d'environ cent pas, attendoient le commandement pour partir. Un Soulac,

étant dans la Salle du Divan, fit
un cri, fur le champ le détachement partit avec une vîteffe extrême pour ramaffer fon payement, ainfi continuerent toutes
les Compagnies jufqu'au défini-
tif du payement.

La Paye étant finie, on apporta
des Tables dans la même Salle,
où l'on fervit à dîner à l'Ambaffadeur & à fa fuite ; le Grand-
Seigneur étoit à une jaloufie où
il voyoit tout le monde, fans
être vû.

Après que l'on eut dîné, on
fit fortir l'Ambaffadeur & fa fuite ;
& proche la Porte de la troifiéme Cour, on diftribua les Caffetans ou Robes longues à Son
Excellence, aux Gentils-hommes de fa fuite & aux Officiers
de fa Maifon.

Après cette cérémonie, le
Grand-Vifir paffa dans la troifiéme Cour, entre les Chaoux

qui bordoient la haye. Quand il
fut entré, on vint avertir l'Ambaſſadeur pour être introduit à
l'Audience du Sultan. Deux Eunuques blancs prirent Son Excellence par deſſous les bras
comme pour le ſoutenir, ainſi
que ſix Gentils-hommes de ſa
ſuite, dont M. de la Condamine
étoit du nombre. L'Audience
finie, on les ramena de même
qu'ils étoient entrés.

Nous revînmes prendre nos
Chevaux dans la premiere Cour;
& étant prêts à partir, on vint
dire à Son Excellence d'attendre
un moment, qu'il verroit défiler
les Janiſſaires.

Cette Troupe, que l'on dit
être les meilleurs Soldats de ſa
Hauteſſe, défila devant nous. On
n'en jugera pas de même à leur
mine ni à leur taille; car je ne
connois aucun Régiment en
France qui ne vaille mieux que

toute la Garde du Grand-Seigneur , du moins ils sont mieux égalisés & ressemblent à des hommes de Guerre, au lieu que ceux-ci ressemblent plûtôt à des Masques qu'à des Soldats.

Ils sont nuës jambes , portant des Babouches au lieu de Souliers, & n'avoient pour lors d'autres armes, qu'une petite baguette à la main , & un Couteau de ceinture , le reste de l'habillement consiste , en Calçons ou Culottes de toilles d'une si prodigieuse grandeur, qu'ils sont obligés de la tenir d'une main lorsqu'ils courent , & leurs habits sont des Casaquins de Draps de différentes couleurs. Leurs Bonets d'Ordonnances , sont des Calotes rouges & vertes , avec un Bourlet d'Etoffe blanche à lentour , large d'environ quatre pouces, & devant est une Plaque de Cuivre jaune , faite en façon

de Bois de Rapes, derriere laquelle ils mettent leurs Cuillieres qui font de Buits; cette Plaque eft longue de fept à huit
pouces large de deux, & leur
defcend jufqu'au milieu du nez;
derriere leurs Bonnets eft attaché un morceau de Drap blanc
qui leur pend derriere le dos,
de la longueur d'un pied & demi.

Plufieurs Compagnies étoient
rangées en haye fur deux lignes
entre lefquelles les autres défi-
loient, fans y obferver aucun
ordre, portant les Sacs d'argent
qu'ils avoient ramaffés devant la
Salle du Divan. Lorfqu'ils y
étoient, ils couroient de toutes
leurs forces, tenant de la main
gauche l'entre-jambe de leurs
Culottes, pour nous faire voir
apparemment qu'ils étoient le-
gers à la courfe.

Après que toute la Troupe
eut

eut défilé le Janissaire Aga passa, saluant par des inclinations de tête les Soldats qui bordoient la haye. Ensuite le Kiaya & après le Grand-Visir qui saluerent de même que le Janissaire Aga.

Le tout étant fini, nous nous mîmes en marche, avec le même ordre que nous étions venus. A la Marine nous quittâmes nos Chevaux pour traverser le Port avec les Saïques qui nous avoient servi le matin. Ce même jour le Prince donna un magnifique repas à Messieurs les Résidens d'Allemagne, & de Moscovie, ainsi qu'aux Officiers qui assisterent à son Audience.

Les violences que l'on nous avoit fait à Baffa étoient trop fortes pour les oublier, M. de la Condamine en porta plainte à M. le Marquis de Villeneuve, qui moyennant un Mémoire

instructif de l'affaire, dreſſa ſur le
champ une Requête qu'il envoya
à la Porte à ce ſujet, & obtint
le Commandement ſuivant.

COMMANDEMENT

adreſſé au Commandant de l'Iſle de Chypre, contre le Titaban de Baſſa.

A l'arrivée de ce Noble Seigneur, le Chevalier de la Condamine, vous ſçaurés que l'Ambaſſadeur de l'Empereur de France, le plus glorieux d'entre tous ceux qui profeſſent la Religion du Meſſie, le Marquis de Villeneuve, de qui la fin ſoit comblée de bonheur, a envoyé une Requête à notre ſublime Porte, par laquelle il nous fait ſçavoir, qu'il y a trois mois que le Chevalier de la Condamine, Gentil-homme François, s'embarqua ſur une Barque Françoiſe à l'Ifle de Chypre qui mit fous Voiles pour faire route vers Smirne, mais que le Vent contraire obligea le Capitaine de relâcher à la même Ifle & de moüiller dans la Rade de Baffa. Un Grec Tributaire qui fe trouva paffager fur ce même Bâtiment, tomba malade dans ce même tems, & fes incommodités ne lui permettant pas de continuer fon Voyage, il fe débarqua dans le deffein de refter dans cet Ifle, & pria ledit Chevalier de la Condamine de vouloir fe charger de la fommë de cinquante Piaftres, pour les remettre après fon arrivée audit Smirne à une pefonne à qui il les devoit: le Francois les reçut volontiers, & donna au Grec une reconnoiffance fignée de fa main. Le Titaban de cet endroit informé de cela, dépêcha de fes gens pour faire arrêter ce Gentil-homme ; mais lui, informé de son dessein, s'embarqua dans la Chaloupe d'une Saïque pour se rendre à son bord, lorsque ces gens armés de Sabre & de Fusils, le firent retourner lié & garoté, & le menerent en présence du Titaban, après lui avoir fait souffrir toutes sortes d'ignominies, cet Aga lui commanda de lui remettre sans délai l'argent déposé entre ses mains, & le menaça de lui faire perdre la vie si cela n'étoit éxécuté au plûtôt. Et le susdit Seigneur Ambassadeur nous ayant fait sçavoir que le Gentil-homme François, après avoir essuyé de la part du Titaban toutes sortes de vexations, auroit eû bien des peines de se délivrer des mains de cet Aga, nous auroit demandé un Commandement que lui avons accordé. Et J'ordonne à vous qui êtes mon Múhessil de l'Isle de

Chypre de faire prendre ce Titaban qui a eû la hardieſſe de
commettre contre la Juſtice &
les Capitulations Imperialles, une
pareille inſolence , de le faire
mettre en Priſon; & après lui avoir
fait ſouffrir des peines propor-
tionnées à ſon crime , de le
dégrader de ſon Office de Titaban & le regarder à jamais
comme incapable d'en pouvoir
exercer une autre, afin que cela
puiſſe ſervir d'exemple à d'autres,
& que cette ſévérité lui tienne
lieu de Conſeil ſalutaire ; c'eſt
pour cette raiſon que nous avons
fait émaner ce préſent Commandement, il vous eſt enjoint de
l'éxécuter , & de n'y pas contre-
venir , & de ne pas ſouffrir que
d'autres y contreviennent. Sçache le ainſi , & ajouté foi à
cette Noble Signature. Fait au
milieu de la Lune de Chaban
l'an de l'Egire 1144.

Si cet Arrêt est éxécuté, je crois que ceux qui exerceront cette charge recevront mieux les François que nous n'avons été reçûs.

Les raisons qui ont porté M. de la Condamine à avoir réparation des insultes que l'on nous avoit fait à Baffa, sont celles-ci. Que s'il s'étoit relâché à ce sujet, tous les François qui auroient relâchés, non-seulement dans cet Isle, mais encore dans toutes les Echelles du Levant, se feroient peut-être trouvés exposés à de pareilles vexations & peut-être à quelque chose de pire ; au lieu que ceci sert d'exemple, & il est censé qu'un pareil Arrêt est sçû non-seulement en Chypre, mais encore dans toutes les Echelles, & dans tous les endroits où nous avons commerçe.

Le premier Decembre nous fûmes à l'embouchure de la Mer

Noire qui décharge ſes Eaux dans la Propontide, & qui viennent battre les murs du Serail. Son Excellence M. le Marquis de Villeneuve prêta ſon Canot. Nous nous embarquâmes à Tophana; & après avoir remonté trois lieuës du détroit du Pont Euxin, nous débarquâmes à Bojoucdere où Monſieur l'Ambaſſadeur de Veniſe a une maiſon de Campagne; une partie des Mrs. qui étoient avec nous y reſterent. Il n'y eut que M. de Silvie, Député de la Nation de Smirne, qui vint à l'embouchure de la Mer Noire.

Nous prîmes un petit bateau à Bojoucdere avec trois rameurs. Comme il faiſoit preſque calme nous arrivâmes en trois heures proche la Colonne dite de Pompée qui eſt hors du détroit & vis-à-vis des Fanaux d'Europe & d'Aſie.

Cette Colonne eſt ſur un Ecueil

fort haut à environ trois cens pas Colonne
dans la mer proche le Fanal d'Eu- de Pom-
rope, on y monte avec beaucoup pée.
de peine, & de danger, on se
sert autant des mains que des
pieds pour arriver sur ce Rocher;
si par malheur l'on se dérangeoit
d'un petit chemin qui n'est large
que d'environ dix-huit pouces, &
qui tourne autour de l'Ecueil jus-
ques sur sa Platteforme, l'on se
précipiteroit de plus de quatre-
vingt pieds de haut; on ne trouve
sur ce Rocher de ladite colonne,
que le pied Destal où il y a une
inscription fort mutilée; tout ce
que l'on en peut déchiffrer ne
parle point de Pompée, mais
d'Auguste. Aucun Auteur ne dit
que Pompée soit venu dans ce
Pays après la défaite de Mitridate;
& quoiqu'il en soit, on la nomme
Colonne de Pompée. Elle a été
rompuë par les flots de la Mer Noire qui souvent est fort orageuse,

surtout par le vent de Nord ; il
est certain que les vagues venant
se briser contre ce Rocher, ont pû
facilement rompre cette colonne
qui est cassée en cinq morçeaux
& tombée entre l'Ecueil sur lequel elle étoit & celui qui est du
côté d'Europe ; le Chapiteau en
est Corinthien, quelques-uns prétendent qu'elle avoit été mise sur
ce Rocher pour servir de Fanal ;
& il semble que le fût & le pied
d'estal n'avoient pas été faits l'un
pour l'autre.

Après avoir vû ces fragmens
de Colonnes, nous descendîmes
du Rocher avec autant de difficulté que nous y avions monté ; nous
partîmes avec notre même bateau ; & étant favorisés du vent
& des Courans, nous arrivâmes
à Bojoucdere en moins d'une
heure.

Il y a des deux côtés de ce
détroit deux Châteaux de même

qu'aux Dardanelles, qui défendent l'entrée de Conſtantinople du côté de la Mer Noire. Tout le long de ce Canal, tant en Europe, qu'en Aſie, paroît être un Pays enchanté ; ce n'eſt que verdures, Villages, Serails, Maiſons de Plaiſances & Jardins. Si l'art étoit joint à la nature, ce ſeroit le plus charmant Pays du monde.

En arrivant à Bojoucdere, l'on nous dit que les Mrs. qui étoient venus avec nous étoient partis & avoient paſſés en Aſie où nous les fûmes joindre. Après nous être promenés environ une heure dans une Prairie ſur le bord de la mer, nous partîmes tous pour nous rendre à Conſtantinople où nous arrivâmes à ſept heures du ſoir.

Le Mercredi & Vendredi ſuivant, nous fûmes au Couvent des d'Erviches qui ſont des Religieux Turcs, & qui officient ces deux jours de la ſemaine, leur

Mofquée & leur Couvent font à
Pera.

La Mofquée eft ronde, & tout
autour en dedans eft une Gallerie
relevée d'un pied dù pavé & large
de huit, fermée d'une Baluftrade
de deux pieds de haut où fe mettent les affiftans. Au fond du
Chœur, & tout vis-à-vis la Porte,
eft la Chaire du Mufti ou Superieur du Couvent, qui avant que
d'officier, fait fon Sermon avec
beaucoup d'éloquence. Selon les
Drogmens, & ceux qui enten-
dent la langue, ces Religieux prê-
chent avec pieté, & fermeté dans
leur religion.

Le Sermon fini, & le Mufti
defcendu de Chaire, vient s'affeoir
au dehors de la Baluftrade, où
tous les Religieux arrivent de la
maniere du monde la plus modefte. En entrant dans la Mofquée
ils ôtent leurs Babouches, &
ayant fait cinq ou fix pas, pieds

nuds, ils posent le pied droit sur le gauche ; après s'être inclinés fort bas, chacun va prendre sa place. Le Mufti assis par terre sur un Carreau d'Etoffe brodée ou autre, entonne quelques Hymnes, ou récite des passages de l'Alcoran ; ce qu'étant fait tous les Religieux se levent, ainsi que le Superieur; & ayant fait ensemble trois tours dans la Nef de la Mosquée, le Mufti reprend sa place. Pour lors les Religieux quittent leurs Manteaux, & restent en Calçons & Jupes très-amples, viennent tous l'un après l'autre défiler devant leur Superieur, & en passant lui baisent la main, ensuite se mettent à tourner ; pour lors, l'air s'introduit sous leurs Jupes & leur fait prendre la figure d'un des plus grands Panniers dont se servent les Dames en France ; lesdits Religieux forment un cercle en tournant com-

me une danſe en rond, ſans toutefois ſe tenir les mains, chacun
tourne en ſon particulier ſans ſe
confondre les uns avec les autres.
Tels ont les deux bras tendus en
tournant, d'autres n'en ont qu'un
& de l'autre main tiennent le
devant de leur Calçons quelques
fois ils ſe trouvent tous les bras
tendus ſans ſe toucher. Il faut
obſerver qu'en tournant de la
ſorte ils ne reſtent pas toujours
dans la même place, & font pluſieurs fois le tour du cercle qu'ils
occupent.

Ils tournent au ſon d'une mu-
ſique compoſée de quatre fort
mauvaiſes Fluttes, deux eſpeces
de timballes & de deux voix, qui
ſont ſur une Tribune au-deſſus de
l'entrée de la Porte à main gauche élevée d'environ 15 pieds.
Ces bons Moines tournent juſqu'à perte d'haleine, & s'arrêtent
tout d'un coup avec autant de fer-

meté que s'ils n'avoient pas tournés. Après s'être repofés cinq ou
fix minutes, ils repaffent devant
le Mufti, lui baifent la main, &
recommencent à tourner ; ils font
trois fois la même cérémonie.

Après avoir fini de tourner, &
s'être, pour ainfi dire, mis aux
abois, ils vont s'affeoir par terre
chacun à leurs places ; d'autres
Prêtres affiftans leur mettent leurs
Manteaux. S'étant repofés environ un quart d'heure, ils chan-
tent à haute voix quelques Hymnes, & enfuite fe levent tous, ils
défilent devant le Mufti, lui baifent la main ; le premier fe range
à côté de lui, & le fecond à côté
du premier, qui ayant baifé la
main au Mufti, la baife à fon Confrere ; ainfi tous font de même.
Etant rangés tous en haye proche
la Baluftrade, ils difent encore
quelques prieres pour finir leur
Office.

Quelques jours après , nous fûmes voir d'autres Religieux que l'on nomme Hurleurs, qui ont leur Mosquée à Tophana ; ils officient, tous les Jeudis à une heure après-midi, & commencent aussi par un Sermon, qui étant fini, le Mufti vient au milieu de la Mosquée qui n'est pas ronde comme celle des d'Erviches, mais d'un quarré oval ; à main gauche en entrant est le lieu où se mettent les Turcs assistans, & à droite sont les Religieux.

Le Mufti étant donc au milieu de ladite Mosquée, tous les Religieux, ou autrement dit les Acteurs, s'assemblent autour de lui, & forment une espece de rond, au milieu duquel est renfermé leur Superieur qui se met à tourner ; tous les Religieux tournent autour de lui pieds nuds récitant des passages de l'Alcoran, auxquels ces prétendus Religieux répondent tous enfemble hou, hou, & le prennent enfuite par les mains comme pour danfer, & redoublent leurs hous, à haute voix ils s'entrelaffent les bras les uns avec les autres & continuent leurs hurlemens jufqu'à extinction de voix ; fi leurs Turbans, tombent, ils ne quittent pas pour les ramaffer ; après qu'ils ont bien criés & tournés, comme je viens de le dire, & qu'une partie eft hors d'haleine, ceux qui font les plus vigoureux, renferment un de leur Confrere au milieu d'eux, le ferrent entre eux fi fort, qu'ils femblent vouloir l'étouffer, criant *hou*, fur lui, & lui, fur tous les autres. D'autres viennent par derriere embraffer ceux-ci par-deffus les épaules en faifant des contorfions fort indécentes, de forte qu'on prendoit plûtôt ces Religieux pour des hommes fous ou enragés, que pour des gens qui

font de pareilles folies en vûë de
Pénitence, & pour loüer Dieu.

Ce rondeau fini, le Mufti s'af-
feoit par terre, & douze Chan-
tres autour de lui forment un demi cercle, chantant tous enfemble
environ un quart d'heure, enfuite
recommencent tous enfemble le
rondeau avec les mêmes extravagances que la premiere fois.

Le Vendredi fuivant nous fûmes voir paffer le Grand-Seigneur, qui va tous les Vendredis
à la Mofquée neuve, ou à celle
de Sultane Validée. Nous nous
plaçâmes dans la Boutique d'un
Foureur, devant la porte duquel
il paffa. Les Janiffaires en habits
& Bonets de cérémonie bordoient la haye des deux côtés de
la ruë ; les Chaoux marchoient
les premiers en habits de cérémonie, enfuite les Boftangis ;
après ceux-ci marchoient le Chef
des Eunuques & le Janiffaire Agas

enfuite le Sultan entouré de fix
Soulak qui font des Officiers des
Janiffaires portant fur leurs Bonets des grandes plumes en façon
d'Evantails qui cachent le Grand-
Seigneur qui étoit monté fur un
Cheval gris richement harnaché ;
la Houffe étoit de velours cra-
moifi brodée en or, & parfemée
d'Emeraudes ; la bride garnie
d'or, au Poitrail du Cheval, étoit
une Turquoife d'une prodigieufe
groffeur.

Le Sultan n'avoit rien de magnifique dans fon habillement,
il n'y avoit que fon Turban dont
l'Aigrette étoit de perles & de
petits Diamants, & de plus devant un Diamant de la groffeur
d'une petite Noix qui avoit un
brillant des plus beaux, on envoyoit un autre au haut du Turban & un derriere. La poignée
de fon Sabre étoit garnie d'or &
de Diamants ainfi que fa Maffe

d'arme qui étoit portée par le Chef des Eunuques, après lui marchoient fon Kiaia & d'autres Officiers de fa Cour tous bien montés ; il y avoit auffi fept Chevaux de main tous très proprement harnachés, & conduits par des Chouadards ou Domeftiques du Sultan; l'ayant vû entrer dans la Mofquée nous attendîmes qu'il en fortit pour le voir encore mieux.

Pour cet effet nous nous plaçâmes vis-à-vis de la Porte, & en fortant je ne m'attachai uniquement qu'à examiner fa figure. Il eft brun, beaucoup marquée de petite verole, les yeux fort beaux, le nez Aquilain, le vifage plus oval que rond, fa taille m'a paru médiocre n'en pouvant décider pofitivement ne l'ayant vû qu'à Cheval. En paffant il falua les Janiffaires qui bordoient la haye, & s'en retourna au Serail dans le même ordre qu'il étoit venu à la Mosquée.

Il se nomme Sultan Mahmoud, qui a été mis sur le Trône par Patrona Chef de la derniere rebellion qui s'est faite à Constantinople en mil sept cent trente, à la place de son Oncle Achmet qui avoit usurpé la Couronne sur le pere du Sultan d'aujourd'hui, voici l'Histoire que l'on m'a fait à ce sujet, & telle qu'elle s'est véritablement passée.

HISTOIRE

DE

PATRONA

EN mil sept cent trente, Patrona qui étoit un Amale ou
Porte-fait , étant dans un Caffé
avec six de ses camarades , &
ayant tous la tête échauffée de
quelques bouteilles de Rossoly ,
parloient des affaires d'Etat ; il
fut décidé entre eux que le Sultan & le Visir n'étoient pas justes ,
& que le peuple souffroit trop sous
leur Gouvernement, & résolurent
de se mettre Protecteurs du Peuple , de changer le Gouvernement & de déposer le Sultan &

le Vifir. Patrona fe propofa
pour Chef, les autres y confen-
tirent, ils s'armerent donc tous
fept de Sabres & Piftolets, fûrent
à une Mofquée Royale prendre
l'Etendar de Mahomet , & par-
coururent les ruës criant à haute
voix que le Sultan & le Vifir
étoient injuftes qu'il falloit les dé-
pofer, que ceux qui ne les fui-
vroient pas dans cette entreprife
perdroient la vie fur le champ.
On méprifoit d'abord de pareils
avis ; mais ces fept rebelles les
fçûrent faire refpecter en coupant
quelques têtes, un tel exémple
intimida le public, plufieurs fe
joignirent à ce Noble Etendard,
& en moins de deux heures les
rebelles fe trouverent au nombre
de plus de cinq cens, par conféquent en état de forcer un quartier à imiter leur exemple ; avant
la nuit la troupe étoit de plus de
quatré mille hommes.

Ce même jour le Grand-Seigneur & Ibrahim Bacha son Visir, étoient allés à Seutary passer en revûë trente mille Tartares pour envoyer en Perse, on fut avertir le Visir de ce qui se passoit dans la Ville ; il ne voulut point croire ce qu'on lui dit, & repliqua qu'il étoit impossible, d'autant plus que l'on sçavoit parfaitement qu'il y avoit trente mille hommes campés au Portes de Constantinople.

Le lendemain toute la Ville se souleva & prit le parti des rebels ; un autre Exprès en fut donner avis à Ibrahim Bacha, qui étant pour lors persuadé de la verité, envoya les Janissaires pour arrêter les Rebelles & remettre dans leur devoir, lesquels étant avertis de l'approche des Janissaires, se rangerent en Bataille sur la Place de l'Hipodrosme au nombre d'environ trente mille hommes & attendirent

tendirent l'ennemi de pieds fer-
mes ; les Janiſſaires ayant parus,
Patrona les ſomma de ſe joindre
à ſa Troupe, où qu'il les feroit
charger ſans aucune grace. Pendant que ces propoſitions ſe faiſoient, Patrona donna ordre à un
détachement de paſſer par d'autres ruës, & de mettre l'ennemi
entre deux feux. Le tout étant
éxecuté ſelon ſes déſirs, & les Janiſſaires ſe voyant dans l'impoſ-
ſibilité d'échaper à la fureur des
Rebels, ſe joignirent à eux, & ſe
mirent ſous les ordres de Patrona.

La nuit ſuivante, le Sultan &
le Viſir paſſerent le détroit pour
ſe rendre au Serail, où ils ſe ren-
fermerent. Le lendemain au point
du jour, Patrona fit avancer ſes
Troupes juſqu'aux Portes du Palais, qui n'étoit gardé que par les
Saphis & les Boſtangis, qui ſont
les Gardes du dedans du Serail,

& fit sommer le Grand-Seigneur
de lui livrer Ibrahim Bacha comme Auteur de tous les maux dont
l'Empire Ottoman étoit accablé.
Le Grand-Seigneur ne pût se dispenser de livrer son Ministre entre les mains de ce Rebel. Et
crainte qu'on ne le fasse trop souffrir, il le fit étrangler dans le Serail & l'envoya mort. Patrona fit
exposer le Cadavre sur le chemin
d'Andrinople avec un Chien attaché à chaque membre, & se plai-
gnit hautement de ce qu'on ne
lui avoit pas envoyé envie. Il
fit entendre au peuple que le
Grand Seigneur n'avoit fait étrangler son Visir, que dans le dessein
de cacher la tyrannie qu'il exer-
çoit sur son peuple. Dans l'instant
cette mutine populace ne respi-
rant que vengeance, força le Serail, prit le Sultan Achmet, le
renferma au Château des sept
Tours, où étoit son Neveu Mah-

moud qu'elle fit fortir, & le couronna Empereur à la place de fon Oncle Achmet.

Après cette expédition, Patrona dépofa tous ceux qui poffedoient des Charges dans l'Empire Ottoman, & en pourvut fes Compagnons. Le Capitan Bacha, les Princes de Valachy & de Moldavy, ainfi que les Bachas ou Gouverneurs de Provinces, perfonne ne fut exempt du caprice de cet homme. Il prit le Sultan pour fon ami particulier, & lui promit fa protection, & l'affura, que lorfqu'il l'auroit mis fur le Trône, il le foutiendroit de tout fon pouvoir.

Le Grand-Seigneur fe défia des promeffes de ce mutin ; peu à peu & fort fecrettement, il fit avertir tous les Principaux du Royaume que Patrona avoit dépofé, & leur ordonna de tenir des Troupes prêtes au cas que fon deſſein fut découvert. Au bout de quelques mois les choſes étant dans la ſituation qu'il déſiroit, il fit venir Patrona au Serail, ſous prétexte de lui demander quelques avis, & le fit paſſer dans un Cabinet ſecret, où il y avoit des muets qui lui paſſerent le fatal cordon, & l'étranglerent ; le même jour il envoya chercher le Grand-Viſir, camarade de Patrona, le Capitan Bacha, les Princes de Valachy & de Moldavie, auſquels on fit la même ceremonie, ainſi qu'à tous les Chefs des Rebels. Toutes ces Charges dans le moment furent remplies par des gens dignes de les exercer ; & quand il eut ramené les Janiſſaires à leur devoir, ainſi que le reſte des Troubles révoltés, il fit faire une exacte recherche de tous ceux que Patrona avoit engagé dans ſon parti, & leur fit trancher la tête. On prétend qu'il fit mourir plus de quarante mille hommes révoltés ; quand nous arrivâmes à Cönstantinople on ne coupoit plus que vingt-cinq ou trente têtes par jour, j'en ai vû cinq que l'on exposa vis-à-vis la Porte du Serail ; c'est ainsi que le Sultan Mahmoud dépeupla son Empire de si dangereux Sujets, qui pendant l'espace de six mois avoient disposés des Charges & du Gouvernement de ce Royaume.

Le vingt Novembre je fus à Sadiabat voir une Maison de Plaisance que le Grand-Seigneur y a fait bâtir sur le modele de Versailles, suivant le Plan que Mehemet Effendi, Ambassadeur en Françe, lui en a fait.

Sadiabat est un Village à deux lieuës de Constantinople, situé dans un Vallon sur le bord d'une Riviere qui décharge ses Eaux dans le Port ; les deux bords de cette Riviere sont revêtus de pierres & forment une espece de Canal de la largeur de quinze toises. Au milieu du Canal est un Pont de Bois, peint en rouge & en vert, sur lequel on monte par deux escaliers soutenus de barres de fer courbées, dont un bout pose à terre & l'autre à la plus grosse Poutre. Au milieu de ce Pont sont deux Balcons où le Grand-Seigneur vient prendre le frais. Il y a deux cascades de la largeur de la Riviere, ornées de petits bassins. Entre ces cascades sont trois Kiosques couverts de plomb. Proche une de ces cascades, est un autre grand Kiosque couvert de plomb doré, au milieu duquel est un jet d'eau. Proche l'Appartement qui donne sur la riviere sont trois grands vases de marbre de chacun desquels sort un jet d'eau. On nomme cette Maison le petit Versailles.

Quelques jours après, nous

paſſâmes en Aſie pour aller à Calcedoine & à Seutary ; nous fimes
arrêter notre Canot proche la
Tour, dite de Leandre , qui eſt
bâtie ſur un Rocher environ cinq
cens pas dans la mer du côté d'A-
ſie ; on ne ſçait pourquoi cette
Tour eſt ainſi nommée , d'autant
plus que ce n'étoit point dans ce
lieu où Leandre paſſoit le détroit
à la nage pour aller voir ſa chere
Hero , mais proche les Dardanelles.

Dans cette Tour , eſt un Gardien qui a ſoin d'allumer tous les
ſoirs un Fanal qui ſert de guide
aux Bâtimens qui arrivent pendant la nuit ; il y a une très-belle
Citerne dont l'eau eſt bonne , &
que pluſieurs Voyageurs ont dit
être une eau de ſource, mais ce
n'eſt que de l'eau de pluye ; cela
eſt d'autant plus vrai que le Gardien nous a aſſuré qu'il étoit obligé de ſe faire apporter de l'eau

quand il n'en tomboit pas fuffi-
famment pour fa confommation
dans l'année.

D'autres difent qu'un homme
n'ayant qu'une fille unique qu'il
chériffoit beaucoup, on lui prédit qu'elle feroit morduë d'un
Serpent, & qu'elle mourroit
de la morfure. Le Pere voulant
prévenir cet accident, fit bâtir
cette Tour au milieu de la mer,
dans laquelle il renferma fa fille;
il avoit foin qu'elle ne manquât de
rien, & lui procuroit tous les
amufemens convenables à fon
âge. Malgré toutes ces précautions, elle fubit le fort qu'on lui
avoit prédit. On lui envoya un
Pannier rempli de Fraifes, dans
lequel s'étoit gliffé un Vipere
fans qu'on s'en apperçut, qui fortît
tout à coup, mordit la fille & lui
communiqua fon venin, de façon
que la Demoifelle mourut ainfi
qu'on lui avoit dit.

Nous passâmes de-là à Calcedoine, qui n'est aujourd'hui qu'un
petit Village, & qui ne seroit
pas reconnoissable, si on ne sçavoit
que cette ancienne Ville, autrefois si fleurissante, étoit situéé dans
ce lieu; l'on y voit encore l'Eglise
où on dit que fut tenu ce fameux
Concile de Calcedoine, ou du
moins une Eglise bâtie dans le
mêmeendroit;car elle est si petite,
qu'il n'y a nulle apparence que
ce fut dans celle qui subsiste que
le Concile se tint.

Nous fûmes ensuite à Seutary,
qui est une très-grande Ville proche Calcedoine, & séparée de
Constantinople par le détroit du
Pont Euxin, où je n'ai rien vû de
remarquable.

Quelques jours après, le Prince Serbatolf de qui j'ai déja parlé,
prit son Audience de congé. Ce
même jour il fut visiter les Mosquées Royalles ; nous eumes

l'honneur de l'accompagner.

Nous commençâmes par Sainte Sophie (qui a été bâtie par Conftantin & achevée par Juftinien) qui paffe pour une des merveilles du monde, & qui fert de Plan à toutes les Mofquées dont M. Grelot a fait une defcription très-exacte.

De Sainte Sophie.   Ce fameux édifice eft foutenu de Colonnes de Porphire, & de verre antique. La voûte ainfi que les murs étoient incruftés de verres coupés en quarré de la grandeur de quatre lignes, entre lefquels fe trouvent introduites des feüilles d'or & d'argent, des vertes & des bleuës, ce qui formoit une Mofaïque des plus belles.

Les Turcs n'ayant nul égard pour des chofes fi précieufes, ont enduits de plâtre une partie des murs, il n'y a que la voûte qui eft fort élevée qui conferve, comme malgré cette Nation, de fi beaux ornemens. Je donnai à un Turc quelques Parats pour avoir de cette Mosaïque ; il jetta sa babouche à la voûte & fit tomber une demie douzaine de ces verres que je gardai par curiosité.

Nous fûmes ensuite à la Mosquée de Sultan Achmet qui est fort sombre, & soutenuë de quatre pilliers d'une grosseur énorme. Etant dans cette Mosquée il semble que l'on soit dans un Vaisseau par la quantité de cordages qui suspendent une infinité de Lampes, sans le secours desquelles on n'y verroit pas clair. Il y a devant cette Mosquée une magnifique Cour ou Parvi très-bien Pavée ; l'escalier qui est devant la principale Porte est de marbre blanc.

Il y a à Constantinople sept Mosquées Royales très-bien bâties, & ornées des magnifiques Colonnes que l'on a tiré des Mines de Troye, d'Heraclée, & de

toutes ces anciennes & superbes
Villes de Grece.

La solidité de ces Bâtimens,
la hardieſſe de leurs Minarets ou
Fléches, ces vaſtes Places qui ſont
devant, marquent leur magnificence.

Avanture
arrivée au
Capitaine
d'un Vaiſ-
ſeau An-
glois.
Le huit Mars, un Vaiſſeau
Anglois prêt à faire voile étoit
en rade à Beſeſtache proche Tophana, le Capitaine donna à dí-
ner à l'Ambaſſadeur de ſa Nation ſur ſon bord ; en arrivant il
fit ſaluer ſon Excellence de toutes ſes bordées ; & pour témoi-
gner la joye qu'il avoit de l'honneur qu'il reçevoit, il fit tirer le
Canon toute la journée, & enga-
gea ſon Excellence à ſouper ; il
étoit pour lors dix heures du
ſoir, quand l'Ambaſſadeur ſortit
du Vaiſſeau ; à peine étoit-il éloigné de la portée du Fuſil, que
le Capitaine Anglois fit feu des
deux batteries,

Au bruit du Canon, le Grand-
Seigneur s'éveilla, & crut que
le reſte des Rebels s'étoit aſſem-
blé & emparé des Batteries, &
de l'Arſenal qui eſt à Tophana.
Il fit ſur le champ avertir le Grand
Viſir, & lui donna ordre de s'in-
former de ce qui ſe paſſoit, &
pourquoi on tiroit ſi tard dans le
Port; on ſçût d'abord que c'étoit
le Capitaine Anglois qui avoit
ſalué l'Ambaſſadeur de ſa Nation.

Le lendemain le Grand Viſir
envoya chercher l'Ambaſſadeur
d'Angletetre à qui il demanda
le Capitaine qui avoit eu i audace
de tirer dans le Port à heures in-
duës ; Son Excellence lui refuſa
& ne voulut point livrer cet
homme, à qui on auroit ſûre-
ment fait mauvais parti.

Ce même jour on envoya
chercher deux Marchands Anglois, ſous prétexte de leur ven-

dre des Marchandifes ; aussi-tôt
qu'ils furent arrivés à la Doüane
on les retint, difant qu'on ne les
rendroit pas qu'on eut livré le
Capitaine qui avoit tiré dans le
Port.

Le Vifir envoya chercher les
Députés de la Nation Angloife,
& leur dit d'élire un d'entr'eux
pour Ambaffadeur , parce que
la Porte ne vouloit plus de celui-ci ; M. l'Ambaffadeur d'Hollande fe propofa pour Média-
teur de cette affaire, & n'ayant
pû la terminer, on eut recours
à M. le Marquis de Villeneuve
qui l'a fini à l'amiable.

Le bruit courut dans la Ville
que cette affaire cauferoit quelque difgrace au Grand Vifir.
Quelques jours après il y eut des
plaintes contre lui ; le Grand-
Seigneur n'étant pas encore bien
affermi fur fon Trône , appré-

hendoit que le peuple ne se sou-
levat, déposa son Visir nommé
Tophal Osman & l'envoya servir en Perse.

HISTOIRE

DE

TOPHAL OSMAN.

EN mil sept cent vingt-sept, Tophal Osman étant embarqué sur un Vaisseau de sa Nation, fut attaqué à la hauteur des Côtes d'Egypte par un Vaisseau de la Religion de Malte ; après un combat fort opiniâtre, le Maltois se rendit maître du Vaisseau Turc, mit tout l'équipage à la Chaîne & mena sa prise à Malte. A l'arrivée du Bâtiment dans cet Isle, on fit la vente des Esclaves. Tophal Osman fut vendu à un Marchand Maltois nommé

mé

mé M. Argniau. Quelques jours après ladite vente , le Patron ayant connu des fentimens & de l'éducation à fon efclave , y eut égard , ne l'employa point à de forts ouvrages , il le garda chez lui , & rendit fa captivité des plus douces ; cet Efclave voyant de jour en jour la confidération que fon Patron avoit pour lui , fit fon poffible pour mériter l'honneur de fa bienveillance ; & ayant tous les jours de nouvelles marques de la génerofité de M. Argniau , il lui dit qu'il étoit très-fenfible à toutes fes bontés , & qu'il en efperoit la continuation , que s'il vouloit lui donner fa liberté , & lui procurer les moyens de retourner dans fa Patrie , qu'il lui rembourferoit, & même au-delà, tout ce qu'il lui avoit coûté , & que s'il étoit un jour Grand Vifir , il lui donneroit des marques de la plus vive reconnoiffance.

E e

Monsieur Argniau fut touché des malheurs de cet homme, se fia à sa bonne foi ; il arma un Bâtiment en course, sur lequel il fit embarquer son Esclave, lui donna de l'argent pour faire sa route quand il seroit à terre, & ordonna au Capitaine de débarquer Tophal Osman dans tel endroit qu'il jugeroit à propos. L'Esclave prit congé de son Patron, rempli de joye & de reconnoissance, en réïterant les promesses qu'il lui avoit faites.

Le Capitaine le débarqua sur les mêmes Côtes où il avoit été pris. Cette même année Tophal Osman fut fait Bacha, se souvint de son Patron, lui envoya sa rançon ainsi que l'argent prêté, avec de magnifiques présens.

En mil sept cent trente, il fut nommé Grand-Visir, & n'oublia point les bontés de M. Ar-

gniau, il lui écrivit, & le pria
de le venir voir à Conftantinople. M. Argniau partit de Malte avec M. fon fils, & arriverent
en cette Capitale en 1731 vers
la fin de Février ; le lendemain
de fon arrivée, il fut rendre vifi-
te à Tophal Ofman Bacha, pour
lors Grand Vifir, il en reçût des
marques de la plus vive reconnoiffance & des prefens confidérables ; M. Argniau lui rendit plufieurs vifites qui furent
toutes égales à la premiere. Quelques jours avant que Tophal
Ofman fut difgracié, il fit délivrer à fon Patron un Firman
du Grand-Seigneur, qui portoit
que M. Argniau fe ferviroit d'un
Vaiffeau de fa Hauteffe, & feroit un chargement tel qu'il le
jugeroit à propos. M. Argniau
profita du tems, prit congé du
Vifir, le remercia de toutes les

gratifications qu'il en avoit reçû.
Quelques jours après son départ
on apprit la disgrace de ce ge-
nereux Visir.

DESCRIPTION

DE

CONSTANTINOPLE.

COnstantinople, Ville d'Europe, Capitale de Romanie, est l'ancienne que les Turcs nomment Stanbol, & est aujourd'hui Capitale de l'Empire Ottoman. Cette Ville étant bâtie sur le Bosphore de Thrace, commande aux deux mers, la blanche & la noire, & a un Port le plus beau & le plus commode que l'on puisse s'immaginer; elle est située dans la peninsule, qui se terminant en pointe, s'avânce dans la mer, à l'endroit où commence le Bofphore, qui joint la Propontide au Pont Euxin, & qui fépare l'Europe de l'Afie; ainfi elle forme une efpece de triangle.

Des trois angles, le premier eft à l'Orient, à la pointe du Promontoire, que nous appellons la pointe du Serail. Le fecond eft au midi vers la Propontide, où fe terminent les murailles doubles qui font du côté de la terre, & flanquées de Tours fort proches l'une de l'autre, lefdits murs & Tours ne fubfiftent prefque plus, on les laiffe tomber en ruine. Le troifiéme eft au fond du Port, tourné de l'Occident au Septentrion, fur la Place du Golphe, qu'on appelloit Blaquernes. C'eft au fond dudit Golphe que fe déchargent deux petites Rivieres, nommées Cidatus & Barbife; voilà quelle eft la fituation de Conftantinople.

Il ne regne que deux Vents
dans ce Pays, le Nord & le Sud ;
quand le premier souffle , il ne
peut rien venir par la Mer de
Marmara ; mais alors les Vaiffeaux qui viennent de la Mer
Noire, ont le Vent en poupe , &
fourniffent la Ville de ce qui lui
eft néceffaire ; au contraire, quand
le Sud domine, rien ne peut venir
de la Mer Noire , & tout vient
de la Mer de Marmara , ou Mer
blanche. Ainfi ces deux Vents
font comme les clefs de cette Capitale , qui ouvrent & ferment
l'entrée aux Vaiffeaux ; & quand
l'un & l'autre ceffent , les petites
barques vont à la Rame.

Le grand Baffin qui eft entre
Conftantinople & Galata, & les
deux Bourgs de Fondukli & Tho-
phana , forme le plus beau Port
du monde où l'art n'a aucune
part.

C'eft du milieu de ce Baffin

où l'on voit Conſtantinople au
Midi & au Couchant. Gaïata &
les deux Bourgs dont je viens de
parler au Nord, & la Ville de
Seutari au Levant, ce qui pré-
ſente aux yeux le plus magnifique ſpectacle que l'on puiſſe immaginer. Tous les Edifices de ces
environs ſont bâtis ſur des émi-
nences en forme d'Amphitéâtre,
de ſorte que l'on découvre le tout
d'un coup d'œil, le mélange des
Cyprès, & des Maiſons de Bois
peint, les Dômes des Moſquées,
la hauteur de leurs Minarets con-
tribuent beaucoup à ce merveilleux aſpect.

A dire vrai, la Ville n'eſt pas
ſi agréable en dedans ; les ruës
ſont fort étroites, & mal percées,
il y faut preſque toujours monter ou deſcendre ; il n'y a que la
ruë qui regne depuis la Porte
d'Andrinople juſqu'au Serail, qui
eſt aſſez belle, & quelques-unes

aux

aux environs de la Place de l'Hi-
podrôme, où l'on faifoit autrefois des courfes de Chevaux.

Il y a dans cette Place deux
Obelifques d'environ foixante
pieds de haut, & une colonne
faite de trois Serpens de bronze
entrelacés. C'eft un de ces Serpens que Mahomet fecond coupa en deux d'un revers de fon
Sabre en faifant des courfes fur
cette Place.

Il y a dans cette Capitale plufieurs fondations pour la nourriture des Chats & des Chiens qui
n'ont point de Maîtres. Des hommes commis pour diftribuer la
nourriture à ces animaux, portent journellement des Foyes de
Moutons dans les places defti-
nées pour en faire la diftribution,
où étant arrivés ils font un cris qui
fait fortir les chats de toutes parts ;
les uns grimpent fur leurs épaules, les autres fur leurs dos, &

Fonda-
tions pour
les Chats.

F f

dans la minute, l'on voit ces hommes tout couverts de Chats qui
ayant chacun leur portion fe re-
tirent, & ne paroiſſent que le lendemain à pareille heure. Ces fondations étant faites par des pieux
Muſulmans ; que ne devroit-on
point faire pour les hommes ?

Le tems du Beiram, qui eſt
le tems où ils font abſtinence, arriva, & commença de même que
notre Carême, ainſi que celui
des Grecs Schifmatiques ; de
forte que dans cette année il y
avoit à Conſtantinople trois Ca-
rêmes differents.

Pendant ce tems de Pénitence
les Turcs ne boivent ni ne man-
gent journellement qu'au coucher du Soleil, de forte qu'auſſi-
tôt que les ombres de la nuit ont
obſcurcit l'Aſtre du jour, ils peuvent boire & manger juſqu'au lendemain qu'il commençe à paroître, pour ce qui concerne la nour-

riture, de la nuit ils en font le jour; & pour le repos du jour, ils en font la nuit.

Au coucher du Soleil on allume des Lampions dont les Minarets de toutes les Mosquées font garnis.

De Pera, où font logés les Ministres étrangers, le coup d'œil est magnifique, on voit la Ville à découvert, & ces illuminations préfentent à la vûë un afpect des plus beaux. On diftingue les Mosquées Royales par le nombre de leurs Minarets & leur hauteur, & par des cordes qui font attachées d'une Mosquée à l'autre, à chacune defquelles font fufpendus une infinité de Lampions; à chacune de ces Mosquées il y a cinq Gallerie en dehors, fur lefquelles on monte pour appeller à la priere, & autour defquelles, dans ce Saint tems, font pofés les Lampions.

Pendant le Carnaval des Grecs Schifmatiques, les femmes ainfi que les hommes vont pleurer fur les fépultures de leurs ancêtres. J'ai vû trois femmes de cette Religion dans un Cimetiere où étoit enterré le mari d'une d'entr'elles, les deux autres étoient la mere & la fœur du défunt ; il y avoit avec elles un Papas à qui elles donnoient un Parat pour leur prêter un Goupillon pour jetter de l'eau Benîte fur la Foffe du mort. Quand l'une avoit pleuré & alloit s'affeoir, une autre prenoit la place & pleuroit de même, chacune avoit fon tour pour faire des cris horribles. Quand cette cérémonie fut finie, elles retournerent chez elles très-contentes fans faire paroître le moindre chagrin. Dans plufieurs endroits de ce Cimetiere, étoient d'autres hommes & femmes qui faifoient les mêmes extravagances.

Quelques-tems avant notre départ nous fûmes voir les Acqueducs qui conduisoient autrefois de l'eau à Constantinople & aux environs, ce sont des ouvrages superbes qui ont été faits sous Constantin ; ils ne portent plus d'eau nulle part par la négligence de ceux qui les possedent, qui n'ont pas soin de les entretenir ; il semble que depuis que Mahomet second a fait la conquête de ce Pays, que tout y perisse, non-seulement ces anciens & superbes Edifices, mais encore les hommes qui habitent ces Contrées, & qui sont affligés de peste tous les ans.

Nous fûmes dîner ce même jour à un Village nommé Belle-grade distant de Constantinople de quatre lieuës, où tous les Ministres Etrangers ont des Maisons de campagne pour se retirer en tems de Peste.

Nous paflâmes prefque tout le Carême à Conftantinople, & pendant ce tems nous fîmes plufieurs tentatives pour voir le Jardin du Serail, & un Kiofque magnifique qui eft fur le bord du Port, où le Grand-Seigneur va fouvent prendre le frais ; pour cet effet nous traverfâmes le Port ; étant débarqués, nous demandâmes aux Gardes du Kiofque la permiffion d'y entrer, qui nous fut refufée. Nous demandâmes enfuite la permiffion de voir le Jardin, un Boftangis nous l'octroya moyennant quelques Piaftres; on nous permit par grace d'entrer dans ce clos environ cent pas, étant toujours gardés à vûë. Autant comme il m'a été poffible d'en décider, les allées font étroites & mal perçées, le Jardin eft planté de Cyprès très-mal arrangés. On y voit des compartimens où font plantés des Choux, d'autres font couverts de differentes légumes. Si ce Clos est par tout comme nous l'avons vû, on le prendroit plûtôt pour un potager, que pour un Parc qui est destiné pour les promenades d'un Souverain.

Après avoir resté dans ce Jardin environ dix minutes, on nous en fit sortir. Nous demandâmes de nouveau à voir le Kiosque, on nous le refusa de même que la premiere fois. Pendant que les Turcs qui le gardent étoient occupés à me parler, M. de la Condamine y entra par une Porte où il n'y avoit aucuns Gardes, il fut très long-tems à s'y promener & à en admirer la magnificence, sans que je sçache ce qu'il étoit devenu, je fus très surpris de le voir sortir d'un lieu d'où nous ne pouvions approcher sans en être chassez. Je crois que s'il ne s'y étoit pris de cette façon il auroit été privé de la vûë de ce superbe Bâtiment.　　　F f iiij

Notre départ étant fixé au cinq
Avril 1732. nous nous embarquâmes ce même jour à quatre
heures du ſoir, ſur un Vaiſſeau
Marchand François, commandé
par le Capitaine Lampré de Marſeille ; à ſix heures nous fîmes
voiles, & partîmes de Befeſtache
avec très-peu de vent ; à minuit
nous reſtâmes en calme juſqu'au
huit que le vent fraîchit ; le neuf
nous paſſâmes à une heure après
midi devant Gallipoly, & vînmes moüiller à la Pefquiere au
Nord-Eſt des Dardanelles, nous
moüillâmes par les 22 braſſes
d'eau fond de Roche. Auſſi-tôt
que l'Ancre fut à la mer, nous
nous fîmes mettre à terre pour
aller chez le Conſul où nous couchâmes ; le Capitaine fit dans ce
petit Village toutes ſes proviſions ;
le dix nous couchâmes à bord,
& le onze à cinq heures du matin on appareilla.

Nous partîmes des Dardanel- ^{Départ des} les avec un bon vent frais qui ^{Dardanel-} nous faisoit faire quatre lieuës par ^{les.} heure ; à 6 heures & demie nous sortîmes du détroit. Après avoir doublé l'Isle de Tenedos, nous fimes route au Sud-Ouest quart de Sud. A une heure après midi le vent étant devenu Nord, nous cinglâmes au Sud-Ouest pour passer le Cap d'or avant le coucher du Soleil ; le lendemain à 5 heures du matin, nous passâmes entre Xea & l'Isle longue.

Le 16. nous eûmes un petit vent de Nord-Ouest, & au coucher du Soleil nous observâmes les Isles de l'Entimille, la Salconera & Belle-Poule ; la nuit étant obscure on prit les Ris aux Huniers; le lendemain au point du jour, nous découvrîmes les Isles de Cerigo, & Cerigotte, & le Cap Pada de Candie ; à midi le Vent ayant calmé, nous nous trouvâmes à deux lieuës de l'Isle Lové.

Le vingt-un nous découvrîmes l'Isle de Malte ; à six heures du soir nous étions par son travers.

Le vingt-neuf nous eûmes un vent forcé, & le trente à six heures du matin nous prîmes les bas Ris aux Huniers ; ne pouvant tenir la mer, nous relâchâmes sous le Cap Cartage dans la Rade de Tunis proche le Château de la Goulette; nous moüillâmes à midi par les six brasses d'eau fond de Vaze.

Description de Cartage. Cartage étoit autrefois la principale Ville d'Affrique sur la Côte de Barbarie proche Tunis, qui a été bâtie, selon quelques Auteurs, par Didon. Elle étoit située sur un Promontoire qui fait une presque Isle, entre Utique & Tunis; elle étoit fort grande, & extrémement peuplée ; tous ses habitans étoient belliqueux & redoutés de leurs

voisins. Scipion le jeune, prit &
ruina cette belle Ville 146 ans
avant Jesus-Christ, il ne sortit de
Cartage qu'environ cinq mille
personnes qui furent les déplora-
bles restes de cette superbe Ville
dont on ne voit à présent que très-
peu de vestiges ; la presque Isle
est nommée par les Marins, le Cap
Cartage. Je ne m'arrêterai pas à en
faire une ample description, d'autant plus que des Auteurs célebres
en ont fait de très-exactes, sans
toutefois dire précisément par qui
elle a été bâtie.

L'on voit dans ces ruines dix-
sept Citernes de face au haut du
Promontoire ; elles ont environ
quatre-vingt pieds de long, très-
profondes & bien voûtées, dans
lesquelles on descend par des Escaliers ; il y en a douze qui sont
à sec, & cinq où il y a de l'eau
très-bien conservée & bonne à
boire. On peut juger que ces re-

fervoirs étoient faits pour la fub-
fiftance des Troupes & des Habitans en tems de guerre. Les
ruines de cette Ville s'étendent
non-feulement depuis le bas du
Promontoire du côté de la Mer
jufqu'au fommet, mais encore
fort loin dans la plaine.

Depart de la Rade de Cartage. La nuit du Samedi au Dimanche quatriéme May, le vent étant
Oueft Sud-Oueft; nous appareillâmes, & fîmes route au Nord
quart Nord-Eft. Etant par le travers de Porte-Farine, nous apperçûmes une Gaillotte armée qui
venoit fur nous. Sur le champ
notre Capitaine ordonna d'apporter des Boulets fur le Pont & de
détaper les Canons, en cas d'at-
taque; les poftes furent diftribués
fur le champ; un nombre de Matelots étoient deftinés pour la
manœuvre, & les autres pour
combattre au milieu & fur la
Prouë du Vaiffeau, fous les ordres

du Lieutenant, M. de la Condamine, le Capitaine, l'Ecrivain & moi fur la Poupe : quand cette Gaillote nous eut reconnus, elle nous paffa fous le vent fans rien entreprendre.

Le cinq nous découvrîmes l'Ifle de Sardaigne & reconnûmes le Cap Tolare, hauteur obfervée 39 degrés quatorze minutes lattitude Nord; nous avons trouvé l'Ifle S. Pierre plus au Sud de quinze minutes qu'il n'eft marqué fur la Carte de M. Bertelot.

Jufqu'au 9 nous eûmes très-peu de vent. Ce même jour à deux heures après midi nous découvrîmes la terre & reconnûmes la Montagne de Coudon ; à quatre heures le vent ayant augmenté, nous prîmes les bas Ris aux Huniers, & cinglâmes au Nord Nord-Oueft pour doubler les Ifles d'Hyeres ; le vent ayant encore fraîchi , nous aurions amené nos Huniers fi ce gros tems nous avoit permis de tenir la mer ; mais au contraire nous forçâmes de voiles pour aller moüiller dans la Rade defdites Ifles , où nous entrâmes par le petit paffage du côté de l'Oueft de Pourquierolle;nous y moüillâmes par douze braffes d'eau fond de Vaze.

Le Dimanche 11. nous fûmes à la configne au Bureau de Santé defdites Ifles , pour envoyer un Exprès à Marfeille donner avis de notre arrivée. On nous permit de defcendre à terre , à condition que nous nous tiendrions au large fans approcher perfonne.Nous exécutâmes ponctuellement ces ordonnances ; tous les paffans nous évitoient avec la même précaution qu'ils auroient eû avec des peftiferés , quoique nous foyons partis de Conftantinople avec patentes nettes.

L'Intendant du Bureau de Santé paſſa proche de nous avec Madame ſon épouſe & Mademoiſelle ſa fille qui portoit des fleurs dans un Panier, je la priai de me faire préſent d'un bouquet, ce qu'elle m'accorda fort poliment, mais de très-loin ; elle mit le Bouquet par terre & ſe retira auſſi-tôt ; je la remerciai de ſa politeſſe, & la laiſſai éloigner avant que d'aller ramaſſer mon préſent ; la nuit du onze au douze, le vent fut ſi violent, que l'on fut obligé, quoiqu'étant dans une Rade bien fermée, d'amener les Vergues & de filer du Cable, crainte de chaſſer ſur Ancre.

Le treize le Vent ayant calmé nous appareillâmes ; & étant ſortis de la Rade, nous nous trouvâmes en calme ſans pouvoir gouverner, nous fûmes contraints de mettre la Chaloupe & le Canot à la mer, pour éviter que les

Courans ne nous faſſent échoüer
ſur la pointe deſdites Iſles.

Le lendemain quatorze , le
vent étant venu à l'Eſt bon frais
nous fîmes force de voiles & arrivâmes à neuf heures du matin
par le travers de Notre-Dame
de la Garde, qui eſt une Chapelle
bâtie ſur la croupe d'une montagne proche Marſeille ; nous
ſaluâmes en paſſant de neuf coups
de Canons , & fîmes la priere en
action de grace, pour remercier
Dieu de notre heureuſe navigation.

Nous prîmes Port à Pomme-
guay où tous Vaiſſeaux venant
du Levant font quarantaine ; à
trois heures nous fîmes mettre
tout notre Equipage dans la Chaloupe, & nous nous fîmes conduire au Lazaret pour ire notre
quarantaine.

Etant arrivés dans cette eſpece
d'Infirmerie, qui eſt le lieu où
les

les Voyageurs du Levant & d'autres même qui viennent d'un Pays
contagieux, restent pour se puri-
fier ; sur le champ on nous donna
un Garde pour nous ôter tout
commerce avec ceux qui y étoient
avant nous & ceux qui y pour-
roient arriver après.

Le lendemain on vint nous
parfumer ; pour cet effet on nous
fit sortir de notre Chambre, &
en ayant fermé la Porte & les
fenêtres, on alluma au milieu un
feu fait de son & d'herbes très-
puantes ; quand la Chambre fut
bien remplie de fumée, on nous
y fit entrer, on nous enferma dedans environ l'espace de sept minutes, jamais Renards n'ont été
si bien fumés dans leurs Terriers ;
je crois que si nous y étions res-
tés un quart d'heure, que l'on nous
auroit trouvés morts ; cette fumée
étoit si puante, que nous en eût
mes mal à la gorge plus de huit

jours. Perſonne n'eſt exempt de
cette cérémonie. Quinze jours
après ils recommencerent de même que la premiere fois.

Au bout de vingt-quatre jours,
on nous donna liberté, nous entrâmes dans la Ville très bien pu-
rifiés, nous n'y reſtâmes que cinq
jours ; nous prîmes une Chaiſe
qui nous mena juſqu'à Lion, d'où
je partis par la Diligence, & arrivai à Paris le 29 Juin 1732.

APPROBATION.

J'Ai lû par l'Ordre de Monſeigneur le Chancelier un Manuſcrit, ayant pour titre *NouveauVoyage du Levant, par le ſieur Tollot, fait en 1731*. A Paris ce 12 Juillet 1741.

SIMON.

PRIVILEGE DU ROY.

LOUIS, PAR LA GRACE DE DIEU ROY DE FRANCE ET DE NAVARRE: A nos amez & feaux Conſeillers les Gens tenans nos Cours de Parlement, Maître des Requêtes ordinaire de notre Hôtel, Grand Conſeil, Prevôt de Paris, Baillifs, *Sénéchaux*, leurs Lieutenans Civils & autres nos Juſticiers qu'il appartiendra, SALUT. Notre bien amé ANDRE' CAILLEAU, Imprimeur & Libraire à Paris, Nous ayant fait ſupplier de lui accorder nos Lettres de Permiſſion pour l'impreſſion d'un Livre, qui a pour titre *Nouveau Voyage au Levant par le ſieur Tollot*, offrant pour cet effet de l'imprimer ou faire imprimer en bon papier & beaux caracteres, ſuivant la feüille imprimée & attachée pour modele ſous le contre ſcel des Préſentes, Nous lui avons permis & permettons par ces Préſentes, d'imprimer ou faire imprimer ledit Livre en un ou pluſieurs volumes, & autant de fois que bon lui

semblera , sur papiers & caracteres conformes
à ladite feüille & de le vendre , faire vendre
& débiter par tout notre Royaume pendant le
temps de trois années confécutives, à compter
du jour de la datte defditesPréfentes. Fai-
fons défenfes à tous Imprimeurs Libraires
& autres perfonnes de quelque qualité &
condition qu'elles foient , d'en introduire
d'impreffion étrangere dans aucun lieu de
notre obéïffance ; à la charge que ces Pré-
fentes feront enregiftrées tout au long fur le
Regiftre de la Communauté des Imprimeurs
& Libraires de Paris dans trois mois de la datte d'icelles ; que l'impreffion dudit Ouvrages fera faite dans notre Royaume & non ailleurs ; & que l'Impétrant fe conformera en
tout aux Reglemens de la Librairie,& notam-
ment à celui du 10 Avril 1725. Et qu'avant
que de l'expofer en vente le Manufcrits ou Im-
primé qui aura fervi de copie à l'impreffion
dudit Livre fera remis dans le même état
où l'Approbation y aura été donné , ès
mains de notre très-cher & féal Chevalier le
fieur d'Aguesseau ; Chancelier de France ,
Commandeur de nos ordres , & qu'il en fera
enfuite remis deux Exemplaires dans notre Bibliotheque publique , un dans celle de notre
Château du Louvre , & un dans celle de notre très-cher & féal Chevalier le fieur Daguef-
feau Chancelier de France & Commandeur de
nos ordres , le tout à peine de nullité des
Prefentes : Du contenu defquelles vous man-
dons & enjoignons defaire joüir l'Ex-
pofant ou fes ayans caufe pleinement &
paifiblement , fans fouffrir qu'il leur foit

fait aucun trouble ou empêchement: Vou-
lons qu'à la copie defdites Prefentes qui fera
imprimée tout au long au commencement ou
à la fin dudit Livre foi foit ajoutée comme
à l'original. Commandons au premier notre
Huiſſier ou Sergent de faire pour l'exécution
d'icelles tous Actes requis & néceſſaires, fans
demander autre permiſſion,& nonobſtant cla-
meur de Haro ,Chartre Normande & Lettres
à ce contraires DONNÉ' à Paris le vingt-
deuxiéme jour du mois de Décembre, l'an
de-grace mil ſept cent quarante-un , & de
notre Regne le vingt-feptiéme. Par le Roy
en fon Confeil.

SAINSON.

Regiſtré fur le Regiſtre X. de la Chambre
Royale des Libraires & Imprimeurs de Paris,
Nᵒ. 563.fol. 555. conformément aux anciens
Réglemens, confirmés par celui du 28 Fevrier
1723. A Paris le 24 Décembre 1741.

SAUGRAIN, *Syndic.*

CATALOGUE

DES LIVRES NOUVEAUX
Qui se vendent chez Cailleau.

COlleĉtio judiciorum de novis erroribus, qui ab initio duodecimi feculi poft incarnationem Verbi, ufque ad annum 1735. &c. in fol. 3 vol. 1738.

Hiftoire du Peuple de Dieu, in-4°. 10 vol.

——Idem 10 vol. in-12.

——Naturelle de l'Univers &c. par M. Colonne. 4 vol. in-12. avec des figures.

Ses Principes de la Nature, fuivant les opinions des Anciens Philofophes, &c. 2 vol. in 12.

——De la Géneration des Végétaux Animaux & Mineraux, in-12.

Hiftoire de la derniere Révolution arrivé dans l'Empire Ottoman, in-12.

La découverte des Longitudes. Avec la Méthode facile aux Navigateurs, par M. de l'Ifle, in-12.

Les Annales de Tacite par M. Amelot avec la fuite, 10 vol. in-12.

La Religion Proteftante, convaincuë de faux dans fes regles de foi parti-

culieres par M. Mefnard, 2 vol. in-
12. 1741.

Abregé du Mecanifme Univerfel, en
difcours & queftions Phyfiques, &c.
par M. Morin Profeffeur au College
Royal de Chartres, in-12. avec figures.

Le Geographe Méthodique, ou introduction à la Geographie ancienne &
moderne, par M. l'Abbé de Gour-
nés, &c. in-12.

La Bibliotheque des Philofophes Chi-
mique nouvelle Edition, revûë cor-
rigée & augmentée|de plufieurs Phi-
lofophes, avec des figures & des
Notes pour faciliter l'intelligence de
leur Doctrine par M. J. M. D. R.
3. vol. in-12. 1741.

Hiftoire Romaine de Tite-Live traduit
en François avec le Suplément de
Freinshemius, par M. l'Abbé Bru-
net, premiere decade 3 vol in-12.

——De la Pairie de France & du Parlement de Paris, des Pairies d'Angleterre,& des Grands d'Efpagne,in-12.

——Des Revolutions d'Angleterre, par
Burnet 4. vol. in-4°. avec les Portraits.

Journal Literaire complet contenant
47 Parties jufqu'en 1741.

Lettres férieufes & Badines, 12 vol.
in-12.

Teſtament du Cardinal de Richelieu,
nouvelle Edition augmentée 2 vol.
in-12.
Conquête des Portugais, 4 vol. in-12.
Mémoire de Marguerite de Valois, 4
vol. in-12.
Oeuvres de Mariotte, 2 vol. in-4°. fi-
gures.
Mémoire de Pologne, in-12.
La Science Militaire par M. Bardet de
Villeneuve, 5 vol. in-8°. avec figures.
Obſervations ſur toutes les Parties de
la Phyſique 3. vol in-12.
Voyage de l'Arabie Heureuſe, par M.
de la Roque, 2 vol. in-12. avec figures.
——De Syrie & Montliban, 2 vol. fig.
——De François Coreal aux Indes Oc-
cidentales &c. 3. vol in-12. avec fig.
Les Avantures du Voyageur Aërien,
Hiſtoire Eſpagnole, in-12.
De l'utilité des Voyages, & de l'avan-
tage que la recherche des antiquités
procure aux Sçavans 2 vol. in-12.
avec figures.
Voyage de Sciam des RR. PP. Jeſui-
tes 3 vol. in-12. avec figures.
Voyage de Paul Lucas au Levant, in-
12. 3. vol. avec figures.
Introduction à l'Hiſtoire générale de
l'Univers par M. le Baron de Puffen-
dorf, 9 vol. in-12. avec figures.